ありのままの自分で
成果が出る3つのルール

20代が仕事で大切にしたいこと

サイバーエージェント専務執行役員
飯塚勇太

ダイヤモンド社

誰かに媚びたり
偽ったりすることなく、
ありのままの自分で
仕事をしたい。

無理せず、ちゃんと成果を上げたい。
がんばりが正当に評価され、
チームや仲間に必要とされる存在でいたい。
そして仕事を通して成長もしたい。

そう思うあなたのために、
この本を書きました。

「仕事をする上で私が大切にしていること」を
まとめたのがこの本です。

文章の書き方や思考法、ビジネスマナーなど
仕事を円滑に進めるための「フレームワーク」はたくさんありますが、
本書も**ある種の「フレームワーク」**を紹介するものです。

一言でいうと、
自分が自分のままで
成果を出して評価される
ためのフレームワークです。

最初にお伝えしますが、
あなたは変わる必要など一切ありません。
そのままで大丈夫、いやむしろそのままで仕事をしてほしいのです。

ただ、**この本に書いてあることをほんのちょっと意識するだけ**です。

ほんのちょっと意識して行動するだけで、
あなたの中身は全然変わっていないのに、
周囲の見る目がガラリと変わります。
この変化に驚く若手を、私はたくさん見てきました。

本書で紹介する**「仕事で大切にしたいこと」**は3つあります。

① すべては「他者への想像力」（他者想）
② 成果が出ることだけやる（無駄なことは極力やらない）
③ 無理せず「自然体」で自分らしく

この3つと、
本書で紹介する「大切にしたいこと」を意識する（実践する）だけで、
仕事がスムーズに進むようになります。
苦手だった上司や先輩ともうまくやれるようになります。
仕事を通じて、自分のことがもっと好きになります。

さっそく始めましょう。

はじめに

会社では教えてくれない「正しい仕事のやり方」

はじめまして、飯塚勇太と申します。

私は現在33歳、社長歴は12年になります。

大学4年、サイバーエージェントの内定者時代の21歳でサイバーエージェント子会社の社長に就任、入社3年目の24歳で、当時最年少のサイバーエージェント執行役員に就任しました。現在はサイバーエージェント専務執行役員を務めています。

私の経歴が強烈なのか、新入社員の中には、「飯塚さんはすごい」と言ってくれる人もいます。しかし、そう言ってくれた新人の実績を見てみると、私が新入社員のときに社長をしていた会社の業績をはるかに上回っていたりします。

私からすれば「あなたのほうがすごいです！」と言いたくなります。

「20代で社長とは、よっぽど優秀なのですね」

こんなふうに言っていただくこともありますが、正直に告白しますと、私はごく普通の人間で、特別な能力や才能はありません。

ほかの人よりリーダーシップをとるのが上手ではありますが、特別なスキルがあるわけではありませんし、周囲と比べて何か抜きん出ているものを持っていると感じたことも一度もないからです。

むしろ**「すごいと言われるものがない」**と自覚していたからこそ、**普通の自分がどうすれば早く成果を上げられるかを、誰よりも考え、試行錯誤していました。**

「ずる賢く」仕事をする

あるとき、仕事の先輩からこんなことを言われました。

「飯塚は、**ずる賢い**よなぁ」

打算的であることと、**正しい努力をしている**という2つの意味から「ずる賢い」と言われたのです。


内定者時代から、社長として**チームで成果を上げること**を求められてきました。

当然ですが、自分一人ではどうすることもできません。

自分の能力には限界があるので、**人の力を借りる**必要があります。

若手として抜擢されたからには、**早く成果を出さなければなりません。**

そのため、**できるだけ無駄なことをしない**よう工夫しました。


加えて気をつけたのは、**心身のケア**です。

若手だからと気負いすぎて倒れてしまっては本末転倒です。

心身の健康を保ちながら、がんばらずにやり続ける方法も考えました。

また、**自分を偽りながら仕事をするのはどこか不自然で、いずれ無理が生じる**とも思いました。そこで、**自然体でストレスなく仕事をする方法**も真剣に考えたのです。


最初は失敗もたくさんしました。

しかし、周りにいる成果を出している人たちを観察し、彼らのいいところを自分なりに取り入れながら試行錯誤を繰り返しているうちに、徐々に**仕事の「勘所」**のようなものをつかめるようになりました。こうして編み出した**「ずる賢く」**かつ**「ありのまま」仕事で成果を上げる方法**をまとめたのが、この本です。

学生時代のやり方は通用しない

仕事の「壁」にぶつかって苦しんでいる。
自分は会社や上司から正当に評価されていない気がする。
夢や目標が見つからなくてあせっている。
なかなか成果を出せずに停滞している。
学生時代と社会人になってからのギャップに戸惑っている。
自分に嘘をついて働くのが正直しんどいと感じている。

これらは、多くの社会人が抱えている悩みです。

こうした悩みを、私もこれまでたくさん聞いてきましたし、私自身も悩んでいた時期がありました。

悩みを抱えている人たちに共通するのは、**みんな一生懸命がんばっている**ということ。がんばっているからこそ悩みが生まれ、苦しんでいるのです。

ただ、その**がんばりの方向性が少し間違っている可能性がある**かもしれません。

この本を読むと、**正しい努力の仕方**に気づくはずです。

よくあるケースは、学生時代までどちらかというと順風満帆だった人が、**社会人になっていきなり壁にぶつかる**というものです。

そもそも、うまくいかないことが多いのが仕事です。

がんばっても成果が出ない。学生時代には勉強や部活をがんばればがんばるだけ評価されたのに、社会人になった途端、何か違うルールが導入されたゲームのように点数が取れなくなります。

ときには、自分と同じ、いや、自分より明らかにがんばっていない人のほうが高い評価を受けることも……。**仕事とは理不尽で不可解**なもの、かつてのやり方が通用しないと知り、あせりや怒り、絶望さえも覚えます。

無理もありません。私たちは「会社で仕事をするためのルール」を知らないまま、いきなり試合に出ているようなものですから。やりづらさを感じるのは当然です。

この本はいわば**「会社で仕事をするためのルールブック」**です。

ルールを知った上でプレーをすれば、**もっとラクに点が取れますし、変なところで失点しません。**

「ロジカルシンキング」や「ビジネス文書の書き方」など、仕事をする上でのフレームワークの本はたくさん出ていると思いますが、この本も、**ある種のフレームワーク**だと思っています。フレームワークを知識として得ると、**より効率よく成果を上げられるようになります。**

中身や考え方が変わっていないのに、見る目が変わる

この本でお伝えする方法は、私が普段から会社でメンバーに話しているものです。

「会社で仕事をするためのルールブック」を手にし、**「ラクに成果を上げるフレームワーク」**を駆使したメンバーが口を揃えて言うのは、次の言葉です。

「自分の中身とか考え方は全然変わっていないのに、(飯塚さんから言われたことを)**ちょっと意識しただけで、周囲の見る目が大きく変わりました」**

あなたは変われる、あなたは変わるべきだといった類の自己啓発書とは正反対、自分を変えることも、モチベーションを上げたりすることも、一切不要です。

この本でお伝えしたいのは、

あなたはあなたのままがいいということです。

チームで仕事をする中で、あなたという存在が必要だから採用され、チームの一員になったはず。であれば**本来のあなたのままで仕事をすることが、パフォーマンスを最大化する方法である**はずです。

本来のあなたのままで仕事をし、成果を上げ、さらに成長していくためのずる賢いやり方を、ぜひ身につけていただければと思います。

20代が仕事で大切にしたいこと　目次

第1章

仕事で大切にしたい3つのこと

2 成果が出ることだけやる —— 48

3 無理せず「自然体」で自分らしく —— 78

第2章 仕事をする上で知っておきたいこと

第3章

毎日の仕事で大切にしたいこと

第4章

人付き合いで大切にしたいこと

第5章

「心」の健康のために大切にしたいこと

第6章

ひとつ上の仕事をするために大切にしたいこと

この本の使い方

この本は、私の考える「仕事で大切なこと」を一冊にまとめたものです。
仕事の基本的な考え方については、
【第1章】仕事で大切にしたい3つのこと
日々の仕事をどう進めていけばいいかについては、
【第2章】仕事をする上で知っておきたいこと
【第3章】毎日の仕事で大切にしたいこと
上司や周囲の人とのコミュニケーションのとり方については、
【第4章】人付き合いで大切にしたいこと
メンタルの保ち方や不安を解消する方法については、
【第5章】「心」の健康のために大切にしたいこと
早く成果を出す・早く成長する、リーダーとして仕事をするときのコツは、
【第6章】ひとつ上の仕事をするために大切にしたいこと
をお読みいただければと思います。

第1章

仕事で大切にしたい 3つのこと

20代が仕事で大切にしたい3つのこと

20代が仕事をする上で大切にしたいことは次の3つです。

1. **すべては「他者への想像力」**（他者想）
2. **成果が出ることだけやる**（無駄なことは極力やらない）
3. **無理せず「自然体」で自分らしく**

①すべては「他者への想像力」

「自分以外の誰か」を頭において仕事をすれば、驚くほど仕事がスムーズに進み、あっという間に仕事ができる人になります。**「他者想（他者への想像力）」**さえあれば、**仕事はもちろん人間関係もうまくいく**といっても過言ではありません。

②成果が出ることだけやる

期待値が高い、仕事の**本来の目的に集中する**ということです。

仕事には成果が出るものと出ないものがあるので、見極める必要があり、**成果につながらないことは徹底的に排除**します。**感情コントロール**も大事です。

また、社会人になると、学校などで教わった「人としてこういうことをやっておいたほうがいい」ということをやっていない人が多いと気づきます。**まずは「あたりまえ」をしっかりやる。その上で「あたりまえ」以上の行動をする。**これで他を圧倒し、オンリーワンの仕事ができるようになります。

③ 無理せず「自然体」で自分らしく

長い人生を考えると、**本当に大切なのはストレスなく継続できること**です。そのためには**「無理をしない」やり方を常に選択し、行動する**ことが必要です。

また、本来の自分のままでいることで、パフォーマンスも最大限に発揮できます。**「自分らしく」というのは、最も成果が出る状態**でもあります。

さっそく、それぞれについて具体的にお伝えしましょう。

1 すべては「他者への想像力」

仕事とは「自分以外の誰か」のために存在する

仕事とは何でしょうか。

一言でいえば**「商品やサービスを提供することで、誰かに喜んでもらうこと、誰かの役に立つこと」**です。

仕事というのは自分一人では成立しません。

「自分以外の誰か」がいてはじめて、仕事になります。

このような「あたりまえすぎること」をなぜ最初にお伝えするかというと、**「自分以**

外の誰か」のことを考えずに仕事をしてしまっている場面が、本当に多いからです。

誰かがミスしたときに、私がそのままイラッとした感情を相手に伝えてしまったとします。自分の感情を吐き出したことで、その瞬間だけは、私はスッキリしたかもしれません。しかし、ミスを指摘された相手が不愉快に思ったらどうでしょう。

本来すべきは「その人が次に何をすればいいのか教えて、サポートすること」だったり、「同じミスを二度としないよう、適切な言葉をかけること」だったりします。

なのに私が感情をぶつけたことで、相手も感情で受けてしまった。次にどうすべきかといった理性が失われ、「怒られた」「恥をかかされた」というネガティブな感情だけが相手に残ってしまう。これでは「次にミスしないようにする」という本来の目的は達成しませんし、誰も幸せになりません。私の初動が間違っていたということになります。

「他者への想像力」を使うと、どうなるでしょうか。

ここは怒らずに、適切なサポートの言葉をかけます。相手を責めず、ミスしてしまった経緯を振り返り、「どうすれば再発防止になるか一緒に考えよう」と話すでしょう。

厳しい言葉をかけると泣いたり落ち込んでしまったりする人に対しては、「大丈夫ですよ」と安心させるような言葉を先にかけるかもしれません。そうすれば、ミスした相手も冷静に問題に向き合うことができ、二度と同じミスはしないはずです。

このように「自分以外の誰か」を頭において仕事をすれば、驚くほど仕事がスムーズに進み、あっという間に仕事ができる人になります。**「他者への想像力」さえあれば、すべての仕事はうまくいく**といっても過言ではありません。

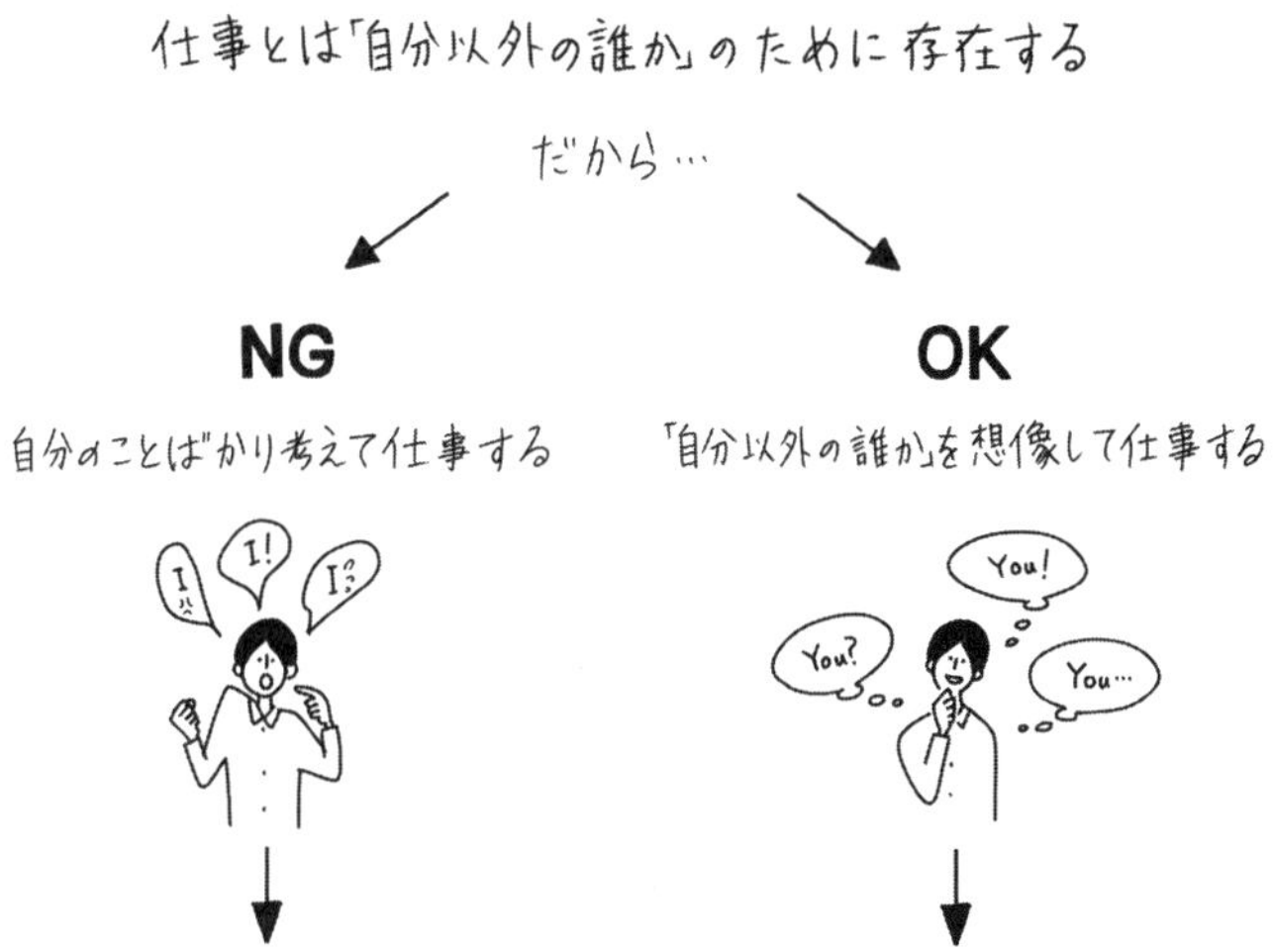
仕事とは「自分以外の誰か」のために存在する
だから…
NG
自分のことばかり考えて仕事する
I!
仕事はうまくいかない
OK
「自分以外の誰か」を想像して仕事する
You!
You?
You…
仕事はうまくいく

ベテラン社員も「他者想」で激変

他者への想像力は、B to Bであればクライアントやお取引先の方、B to Cであればお客様やこれからお客様になってくれる方、社内であれば上司や先輩、同僚、スタッフの方などに対して活きる能力。とても**万能な武器**です。

私の会社では**「他者想」**と略され、常に「他者への想像力」を確認する会話が繰り広げられています。

「その新サービスの告知文、『他者想』的にはどうなのだろう？」

「うーん、新規のお客様には伝わりにくいかもしれませんね」

こんなふうに、日常的に使われています。

あるベテラン社会人の方も、「『他者想』で仕事をするようになってから、上司や部下との関係が劇的に変わり、人間関係のゴタゴタも減りました」と話してくれました。

「他者への想像力」は、ベテランでも抜けがちな視点なのです。

では「他者への想像力」とは何か、より具体的にお話ししたいと思います。

他者とは、「自分以外の誰か」のことです。

お客様はもちろんのこと、取引先の方や仕事で接する方、一番身近なところでいえば、社内の人、上司や同僚、派遣スタッフの人など、一緒に仕事をしている仲間全員です。

こうした「仕事に関わるすべての人」に対し、

「どうすれば喜んでもらえるだろう」

「どうすれば役に立つのだろう」

「どうすれば気持ちよく動いてくれるのだろう」

と考えて行動すること。

同時に、

「何をすると嫌がるのだろう」

「何をすると困るのだろう」

「どんなふうに言うと不快な気持ちになるのだろう」

といった「相手にとってのネガティブ」も考え、そういった行動をしないこと。

これが**「他者への想像力」をもって仕事をする**ということです。


仕事をする中で、あらゆる場面で「他者想」を使ってみてください。

あなたの言動はもちろんですが、相手との関係も、劇的に変わります。

むしろ、あなた自身は変わっていないのに、相手の態度が激変したように感じるはずです。これまでなかなか前に進まなかった案件が急に前に進んだり、苦手だった上司が急に優しくなったり……。

「他者想」を使うだけで、あなたの味方、あなたの応援者が増えるからです。

やらなきゃ損だと思って、些細なことから始めてみましょう。

「何をされたらうれしいか」を考えてみる

朝、出社したときから「他者への想像力」を働かせます。

- **大きな声でハキハキとあいさつする**
- **相手の顔を見て笑顔で「おはようございます」と言う**
- **受付の方や守衛さんにも「おはようございます」と言う**
- **エレベーターに乗って誰かが入ってきたら「何階ですか？」と聞いてボタンを押す**
- **廊下で社内の人とすれ違ったら会釈する**

どれも自分がされたらうれしいですし、一緒に働く誰もが「気持ちいいな」と感じてくれそうな行動です。

このような行動を率先して、自分から起こしてみるのです。

「そんなことでいいの？」と思った方、社内を見回してください。

あなたの上司や先輩、同僚などで、毎朝、これをやっている人はどのくらいいるでしょうか？　ほとんどの方はできていないと思います。

こんな簡単なことをなぜできないのかといえば、人は普段から「自分のこと」しか考えていないからです。自分を主語にして行動をしているからです。

朝、眠いなあ〜、通勤で疲れたなあ〜、仕事面倒だなあ〜。

こんなことを考えて、自分を主語にして行動すると、

●**自分が**眠いから、あいさつはしない（しても小さな声で）

●**自分が**「朝からやる気満々」だと思われるのが恥ずかしいから、大きな声は出さない（実際、「やる気満々」などと思う人はいません。そこまで他人のことを気にしている人はほとんどいません。むしろ「元気がよくていいな」と好感度は上がります）

●**自分が**面倒だから、エレベーターボタンは自分の行くフロアだけ押す

悪気なく、**無意識のうちに自分中心で行動している人がほとんど**なのです。

つまり、私も含め人はみな、自分のことだけ考えて行動してしまう生き物だということ。だから、**意識的に「他者想」を働かせる必要がある**のです。

仕事ができる人は「他者想」を使っている

私の上司でもあるサイバーエージェントの社長・藤田晋は、「思考停止の気づかいはいらない」と話しています。

藤田は、経営者との会食の際、手土産を持っていくかどうか、相手の事情をふまえながら一人ひとりとの関係を見て、**毎回「個別判断」しているの**だそうです。

これこそが、究極の「他者への想像力」です。

つまり、ビジネスマナーやルールというのは**「決まりきった一つの正解」など存在しない**ということ。一人ひとり、相手によって正解は異なる。思考停止になって同じ対応をするのではなく、「他者への想像力」を働かせて、自分なりに最善解を導き出し、行動する。

間違ってもいいんです。

もし間違えたら「このケースは違っていたのだ」という経験値を得て、次の選択に活かせばいいだけ。この繰り返しで仕事ができるようになるのだと私は考えます。

もちろんセンスや勘がよく察しのいい人もいて、最初から相手の喜ぶことができる人もいます。しかし、**仕事というのは後天的に身につく能力のほうが多く、「他者への想像力」も経験を積むことで磨かれていくもの**です。

大切なのは思考停止にならないこと。常に考え、観察し、自分なりの考察で行動する習慣がつけば、仕事は加速度的にできるようになります。

「他者想」は連鎖する

誰かに喜んでもらえるよう、商品やサービスを提供することが仕事です。

まずは、身近にいる上司・先輩・同僚に対して想像力を働かせてみましょう。

- 何かをしてもらったら「ありがとうございます」と言う
- コピー用紙がなくなりそうだったら補充しておく

●会議が長引いて、コップの水を飲み干してしまっている人がいるのに気づいたら、おかわりの水を用意する

いずれも、自分がやってもらったら「うれしい」「助かる」「ありがたい」「気がきくなあ」と思うものばかりです。

つまり仕事におけるすべての基本は、「この人は何をされたらうれしいんだろう」「この人は何をされるのが嫌なんだろう」といったように、**「他者想」を働かせることに**あるのです。あらゆる仕事の場面において、この考え方を持っているだけで、**日々の行動は変わります。**

あなたが率先して行動を起こすと、不思議なことが起こります。

それによって「気持ちいい」「うれしい」と感じた人が、「自分もやってみよう」と行動を真似し出します。意識的にやってみようと思う人もいれば、無意識のうちに「(ありがとうと言われたから) ありがとう」と返す、みたいな人もいます。

あなたを取りまく環境で、**「他者想」が自然と広がっていく**のです。

●相手が喜ぶことをすると、自分が喜ぶことを相手からしてもらえる

すばらしい循環です。

「他者想」が回り始めると、あなた自身、とても気持ちよく仕事が進められるようになります。相手が「あなたに何をすると喜ぶか」を考えて動くようになるのですから。

このように「他者想」は、自分が働かせることによって、人も働かせてくれるようになる。**「他者想」は連鎖する**のです。

「他者想」の意外かつ大きな効能

「他者想」については、実に多くの方に感謝されました。

「飯塚さんに『他者想』を教えてもらったおかげで、家族との関係がとてもよくなりました」

「他者想」は、ビジネスに限らず、人間関係全般に使えるものです。

私自身、「他者想」で動くようになり、創業時から仕事を一緒にしていた仲間などから「性格が変わった」などと言われるようになりました。

無理やり別人格を演じているわけではありません。また、必要以上に誰かに媚びるわけでもありません。**「こうしたほうが相手も自分も幸せだよね」と考えて行動するだけ**です。

先ほどの例でいえば、イライラしたら「他者想」を使ってアンガーマネジメントで落ち着いて対応する。そうすることで、だんだんと怒らなくなってきたのです。

すぐにイラッとする自分は、どちらかというと嫌な部分、嫌いな自分でした。そういう部分が、「他者想」を使うことでスーッと消えていったのです。イライラしない自分は好きな自分ですし、肩に力の入っていない、リラックスした自分です。

つまり「他者想」を使うことで性格が変わったのではなく、**本来の自分を取り戻せたの**です。

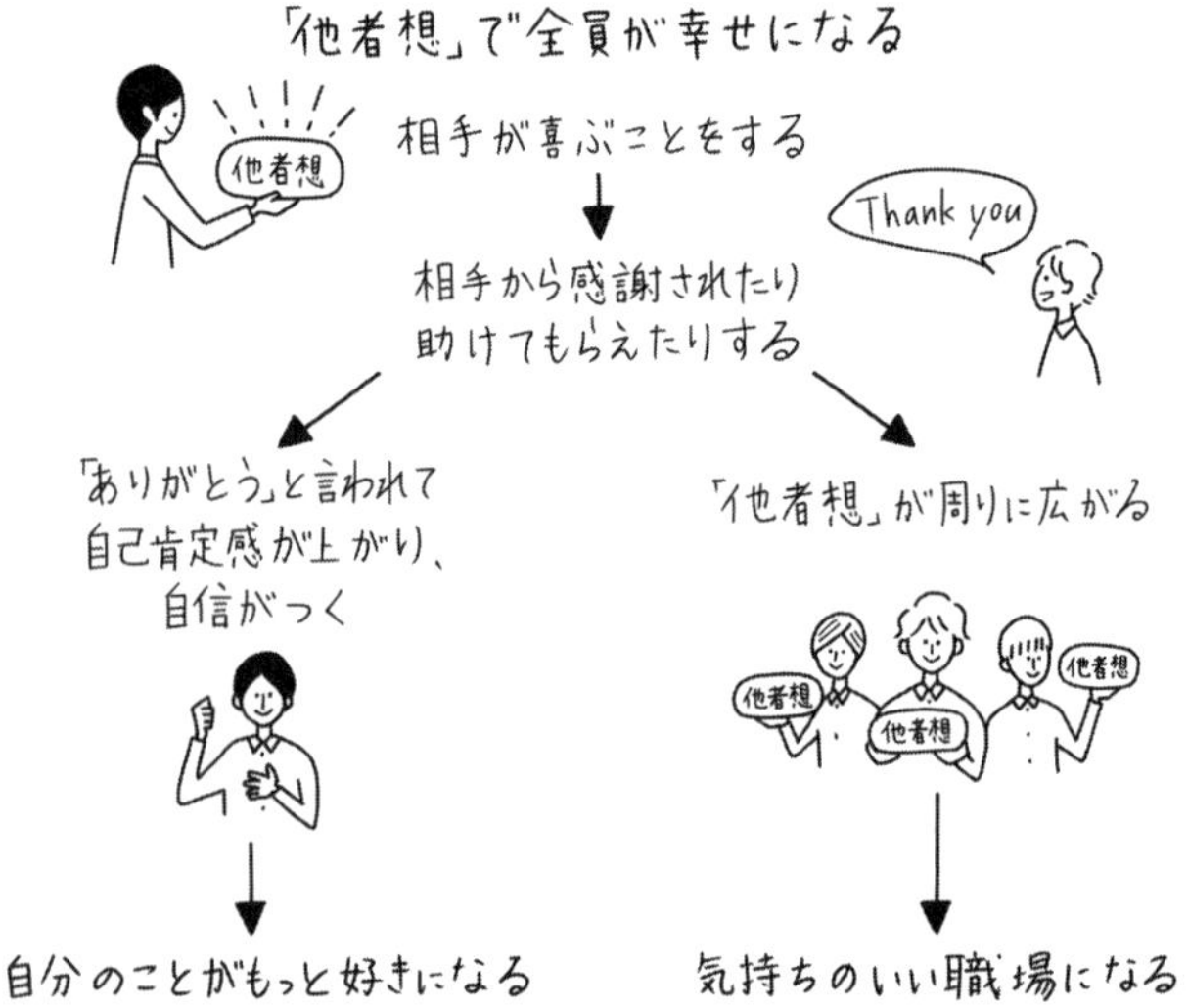
「他者想」で全員が幸せになる
他者想
相手が喜ぶことをする
Thank you
相手から感謝されたり
助けてもらえたりする
「ありがとう」と言われて
自己肯定感が上がり、
自信がつく
「他者想」が周りに広がる
他者想
他者想
他者想
自分のことがもっと好きになる
気持ちのいい職場になる

「こうしたほうが相手も自分も幸せだよね」と考えて行動すると、周囲の人たちから助けてもらえるようになり、成果もどんどん上がるようになりました。

常に自然体でいられるので、当然ながらストレスもありません。

相手のことを考えて動いただけなのに、自分の嫌なところが消え、自分のことが好きになった。これこそが**「他者想」の意外かつ大きな効能**かもしれません。

2　成果が出ることだけやる

仕事には２種類ある

まず押さえておきたいのは、仕事には2種類あるということです。

①成果が出る仕事
②成果が出ない仕事

「成果」とは、会社や部署、職種によってさまざまですが、一言でいえば、**最も期待値が高いところ**を指します。**本来の目的に集中する**という言い方もできます。

80：20の法則という言葉をご存じでしょうか。

ある要素の2割が全体の8割の成果を生み出しているというものです。

上位2割のクライアントが、全体の8割の売上を占めている状況などを指します。

この会社の営業パーソンであれば、上位2割のクライアントが最も期待値が高いところといえるでしょう。ここに最大限の時間と労力を使うのです。

市場が縮小する一方なので、新規開拓で新たなマーケットを探すほうが大事となれば、そこに集中するというやり方もあります。

もっと簡単な言い方をすると「ワンパンチで成果が出ること」をやる、ということ。

例えば、試験に出るところだけ勉強するイメージです。

逆に、期待値の低いところ、試験に出ないところはやらない、ということです。

ワンパンチで成果を出すためには、やらないことを決めることがとても大切です。

やらなくていいこと、それは「成果が出ない仕事」です。無駄な資料作りや必要のない会議への参加などを指します。

新入社員の頃はこの「成果が出ない仕事」の存在が不思議でなりませんでした。なぜやる必要のないことをやらなければならないのかと。でも多くの人が仕事に慣れてくると、考えることなく業務をこなすようになり、「成果が出ない仕事」をやること自体に疑問を持たなくなります。こうなってしまうと危険です。

「自分はこんなにがんばっているのだから、もっと評価してほしい（見てほしい）」

こんなふうに思ったら、危険信号です。

次のように自問しましょう。

「そのがんばりって、本当に成果につながっているかな？」

とにかく成果を出すために大切なのは、「成果が出ることに最大限の時間とパワーを使う」ことです。「仕事は全部やる」のではなく、**優先順位をつけ、成果を出すために大事な仕事だけに時間とパワーを集中させる**のです。

日々の業務を2つに分けてみる

仕事ができるようになるためには、**成果が出ること以外やらない**。

これが明確な行動指針となります。

昇進や転職の際にも、「これまでどのような仕事をして成果を出してきたか」が問われます。「成果が出る仕事」しか評価されないのであれば、そこに集中するのが最も効率がいいということです。

そこでやっていただきたいのは、**毎日仕事でやっていることを書き出し、「成果が出ること」「成果が出ないこと」は何か、洗い出しをする**こと。

やり方はシンプルで「そもそもなぜこの仕事（作業や業務）が必要なんだっけ？」と**理由や存在意義**を確認します。

上司や先輩に「この仕事は何のためにあるのか」聞いてみるのも手です。「意味なくないですか？」というニュアンスではなく、「この仕事で成果を出したいので教えてください」というスタンスで聞きましょう。「成果が出ない」と思っていた仕事に、実は大きな意味があるのかもしれません。

仕分けしてみると、**想像以上に「成果が出ないこと」に日々追われていたことに気づく**はずです。ショックかもしれませんが、気づくだけでも大きな前進です。

とはいえ、自分の中で「成果が出ること以外やらない」と決めたところで、現実は思うように仕事は進みません。会社には残念ながら、**「実は成果にまったくつながらない無駄な作業」というバグ**が存在します。そしてそのバグに、上司も会社も気づいていない場合も多くあります。上司から頼まれた資料作りや、「メールで十分なのでは？」と思われるような会議への参加などは、ひょっとしたらバグかもしれません。

けれども、真正面から「この仕事は成果につながらないと思いますのでやりません」

「この会議は無駄だと思いますので出席しません」と突っぱねてしまっては、ただの生意気で自分勝手な社員になってしまいます。

そこで必要になってくるのが、**上司との「交渉」**です。

私は、ほかの人がやったほうが成果につながると思われる仕事を振られたときには、まずは上司に率直に交渉していました。

「私は今、ほかにこのような仕事を抱えています。そちらで最大の成果を出すことを優先したいため、今いただいた仕事をほかの人に渡したいと思っています」

このように伝え、成果が出ることに最大限の時間とパワーを使えるよう提案していました。

もちろん、中には「ゴチャゴチャ言うな、お前がやれ」と押しつける上司もいるでしょう。その場合は仕方ないのであきらめます。最小限の時間とパワーで任された仕事を仕上げるしかありません。

ただ、ここで重要なのは**「交渉の余地がある」という事実**です。

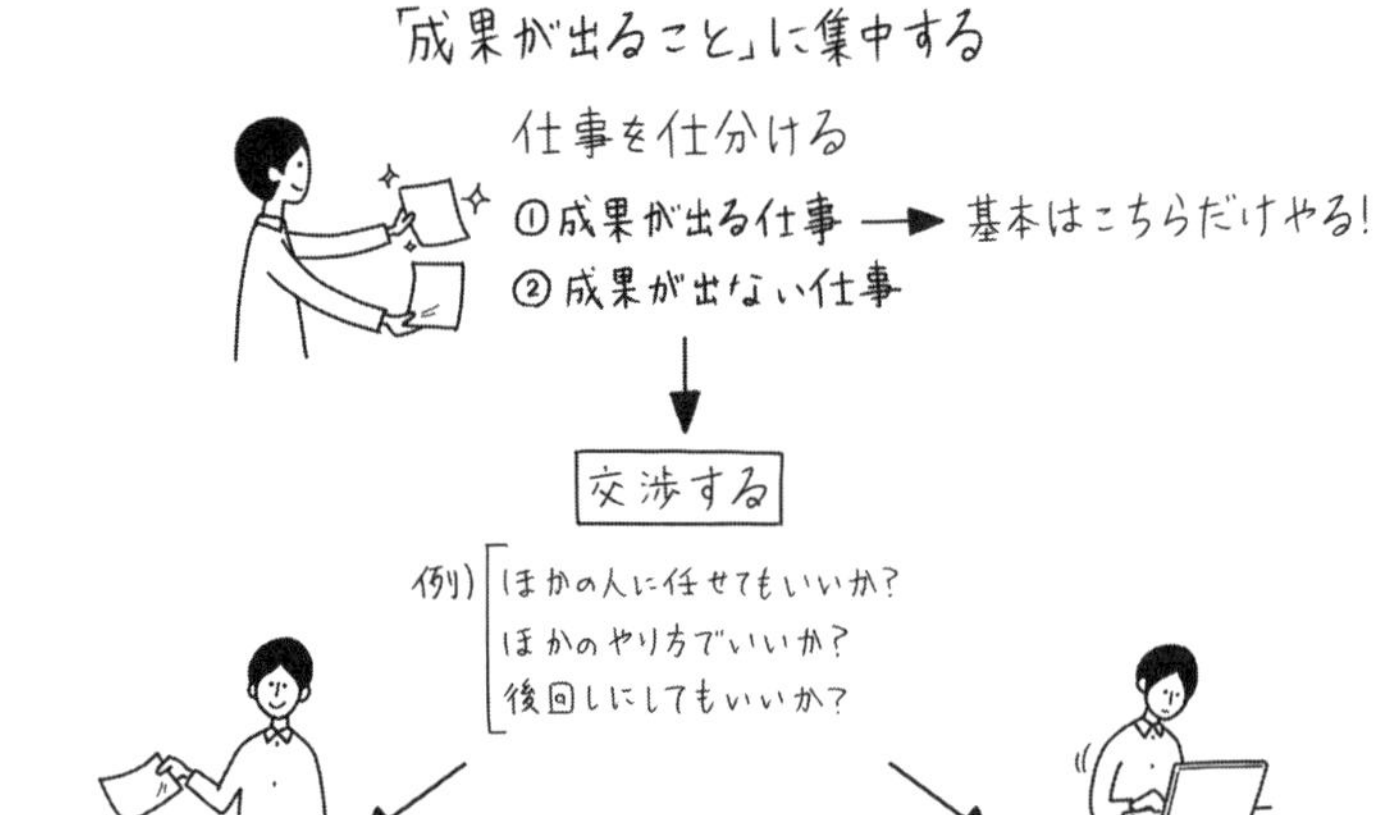
「成果が出ること」に集中する
仕事を仕分ける
①成果が出る仕事
基本はこちらだけやる！
②成果が出ない仕事
交渉する
例）
ほかの人に任せてもいいか？
ほかのやり方でいいか？
後回しにしてもいいか？
YES!
意外とやらなくてすむケースは多い！
NO!
あきらめて最小限の時間とパワーで仕上げる

上司から振られた仕事を鵜呑みにせず、「成果につながるか、つながらないか」を常に考え、成果につながらない場合は交渉する。これだけで、「成果につながらない仕事」をやる機会はグッと減ってきます。

「明日完成させるためには、今何をするか」と考える

「成果につながらない仕事」は、上司から振られるものばかりではありません。自分としては**「成果につながる」と信じている仕事でも、実際には「成果につながらない仕事」**である場合もあります。

期末試験に向けて猛勉強をしている学生がいます。彼はとても努力家で、試験前は寝食を忘れて勉強に没頭し、ついには教科書丸ごと、一語一句覚えてしまいました。「教科書の内容をここまで丸暗記できてるヤツはいまい。猛勉強してよかった」。自信満々に家を出た彼は、いざテストが行われる教室に着いて愕然とします。

そのテストは**「何でも持ち込み可」**だったのです。

教科書を持ち込む人、専門書を持ち込む人、スマートフォン（スマホ）とPCを持ち込む人、中には試験解答のプロのような人を連れてテストを受けている人まで……。

実はこの試験のルールについては、3日前に発表されたものでした。

彼は試験についての案内サイトや、試験情報を流すSNSを確認することなく「教科書を丸暗記する」という、その試験においてほとんど意味をなさない努力を毎日、延々と重ねていたのでした。

極端な例ですが、仕事というのは、これに近いものがあります。

①会社が求める結果を出すことが求められる（やり方はいろいろある）
②ある日突然、試験範囲やルール、試験会場や試験日までもが変更になったりする

学生時代とルールが大きく変わり、理不尽だと感じることもあるでしょう。

しかし、見方を変えてみましょう。ゲームでいえば、全員無課金からスタートするのではなく、アイテムや地図や仲間をうまく手に入れて、効率よくゴールを目指せるものなのです。

あなたが「明日までに提案書を作ってください」と頼まれたとします。悩んだ挙げ句、どうにか一人で形にしてギリギリ翌日の夕方に提出したとします。

上司や先輩からこんなふうに言われました。

「この提案書、もしかして一から作ったの？　一から作らなくても、提案書のひな形ならここの共有フォルダに入っているよ」

「A社担当の上司に相談すれば、彼らの求める要件がより具体的にわかったのに」

上司に、「社内にどんなリソースがあるのか事前に教えてよ！」と言いたくなります。しかし、上司は「忙しくて伝えるのを忘れていた」「すでにその情報は知っていると思っていた」「自分の頭で考えて動いてくれるだろう」といった理由から、あなたにポンと仕事を丸投げするケースのほうが多いはずです。

このように、すでにあるリソースを自分の仕事に活用しきれず、上司の要望に応えていない提出物を、**がんばって一人で作ってしまう人がたくさんいる**のです。

特に努力家でまじめで空気を読める人ほど、「上司は忙しそうだから……」と、自分の力だけで解決しようとしすぎ、周りに質問したり、周りの協力を仰いだりするのを避ける傾向にあります。

そのために、「しなくてもいい努力」、つまりは**「成果につながらない仕事」に時間とパワーを割きがち**なので注意したいところです。

1秒も「無駄な努力」をしない

「しなくてもいい努力」を避けるための、効果的な方法があります。

「明日、この仕事の成果を出すためには、今何をするか」と考えることです。

1週間後に成果を出せばいい仕事があるとします。

しかし1週間という期間は長い。自力で「無駄な努力」をする余裕がたくさんあります。そこで**「もしも期限が明日の夕方までだったら」と考えてみる**のです。

期限まで、どんなに長くても24時間弱。とにかく時間がありません。すると必然的に、**取捨選択をして「最短距離」を突き進む**しかなくなります。

人に頼れる部分は頼らざるを得ません。1秒も無駄にしたくないので、早めに上司に質問したり、相談したり、「この方向で問題ないか」と確認にいき、軌道修正を最小限に抑えようとするでしょう。

こうして「最短距離」で仕事をやってみて、翌日の夕方にいったん上司に提出します。1週間かかる仕事ですから、完成度は高くなく、粗があったり抜け漏れがあったりするかもしれません。ですが、まだ6日ありますので、**「未完成ですが、取り急ぎ形だけ作ってみました」という言い方を堂々とできます。**

そこで上司からの的確なフィードバックを受けながら、仕事の精度を上げていけます。結果、クオリティの高いものを1週間かけて仕上げることができれば、無駄なく、大きな成果を出せるのです。
上司からすれば、翌日にある程度のものを仕上げて提出してきたので、その時点で粗があっても「仕事が早い」とか「報連相のタイミングがいい」とあなたの姿勢をポジティブにとらえます。そして、期日までにクオリティの高い仕事をしたということで、**確実にあなたは「仕事のできる人」と評価される**というわけです。

このように**1秒も「無駄な努力をしない」と考えて仕事をするだけ**で、大きな成果が出せて、いい評価も得られてしまう。それが仕事というものなのです。

「あたりまえ」のことを「あたりまえ以上」に

誰よりも努力して大きな成果を出さないと、仕事で評価されないのではないか。
そう思う人も多いと思いますが、実は**「成果を出す」というのは、みなさんが思うよりもハードルの低いもの**かもしれません。

「あたりまえ」のことを「あたりまえ」にできないビジネスパーソンが、世の中の大多数ならば、**「あたりまえ」のことをちゃんとやるだけで高評価を得やすい**ということです。

もっといえば、**仕事のほとんどが「あたりまえ」の積み重ねでできています。**このことに気づけただけでも、大きな差がつきます。

その上で、さらなるインパクトを与えるために「あたりまえ」を「あたりまえ以上」にやる、大きな成果を出す方法はこれだけです。

この「あたりまえ」ルールについては、ステップがあります。

① **「あたりまえ」をちゃんとやる**
↓まずはここから。ちゃんとやる。これだけでも周囲と差がつく

② **「あたりまえ」を継続する＝「あたりまえ」以上にやる**
↓ラクにできるようになり、しかも評価もされるという一石二鳥状態になる。
さらには仕事のチャンスも増えて楽しくなる

順番に説明します。

社会人になって気づいた「ある疑問」

最初に①「**あたりまえ**」**をちゃんとやる**、について。

私は、社会人になったばかりの頃に、ある素朴な疑問を抱きました。

「学校で教わったことを、やっていない社会人って多くないだろうか？」

- **朝、定時より前に、余裕を持って出社する**
- **出社したら元気にあいさつする**
- **メッセンジャーやメールは見たらすぐ返す**
- **会議には事前準備をして臨む**

これらのことをちゃんとやっている社会人はどれだけいるでしょうか。

みなさんの上司や先輩、同僚で、やっている人は何人くらいいますか？社会人として、いやそれ以前に人として、学校などで教わった「こういうことをやっておいたほうがいいよね」という「あたりまえ」をやっていない人が実に多いと感じました。特に新入社員のみなさんは、私と同じような感想を持ったことがあるのではないでしょうか。

- **前の日に夜更かししすぎて朝寝坊し、遅刻ギリギリで出社する**
- **機嫌が悪いときや他部署の人には朝のあいさつをしない**
- **乗り気でない仕事に関するメールやＬＩＮＥの返信は後回しにする**
- **会議の準備をせず、とりあえず参加するだけ**

このように、世の中の多くのビジネスパーソンが、仕事に慣れてきた途端に、新入社員のときには決してしなかったような行動をとってしまうのです。

まずは「あたりまえ」をちゃんとやる

社会人になったからと気合いを入れて、「人と違うことをやろう」などと気負いすぎなくて大丈夫です。肩の力を抜いて、**まずは学校に通っていたときにやっていた「あたりまえ」を、あたりまえにやってみましょう。**

会議の前に事前に配られた資料を読み込み、わからない社内用語があれば先輩に聞いてみる。疑問に思うことがあれば上司に尋ねてみる。授業の前に予習をするのと同じ、わからないことがあったら先生に質問するのと同じ、学生時代と同じようにやってみるのです。

「『足元の売上』って何ですか？」
「なぜこの数字を毎週確認するのですか？」

新入社員はたくさん質問しても怒られません。それどころか「がんばっているね」とプラス評価されます。会議で手をあげて質問するのは勇気がいるかもしれませんが、事前に上司の席に行ったりメッセンジャーを送ったりしてちょっと質問したりするのであれば、だいぶ心理的ハードルは下がります。

もしかしたら「確かにこの数字、毎週確認する必要なかったかもしれない。次回から月に1回にしよう。質問してくれてありがとう」などと、上司から感謝されることもあります。**「わからないことを質問する」という「あたりまえ」をするだけで、社内業務の改善につながり、ほかの人たちの業務量が減って生産性が上がる。こういうことは、本当によくあること**です。お得ですよね。

「あたりまえ」は一見地味なので「すごいこと」だと思えないかもしれませんが、「派手なこと」をやって一発で評価を上げようとするより、**地味ながらも「あたりまえ」をちゃんとやれる人のほうが確実に評価されます。**まずは学校で教わったような「あたりまえ」を思い出し、一つずつ、やれているか確認しましょう。

不思議なことに、大人になればなるほど、どんどん子どもっぽくなってしまう人が多いものです。

あいさつができなくなったり、お礼を言えなくなったり、謝れなくなったり、宿題を出さなくなったり、時間を守れなくなったり、約束を守れなくなったり、ちょっと気に食わないことがあっただけですぐにブーブー文句を言ったり……例をあげていったらキリがありません。

そう考えると、**「子どものときに教わったことを大人になってもできる」だけで、実は相当に優秀**なのではないかと思えてきます。

あいさつができる。お礼を言える。謝ることができる。宿題を提出できる。時間を守れる。約束を守れる。少しくらい気に食わないことがあっても、自分の中に収めておける……いずれも、「ちゃんとしたビジネスパーソン」として評価される対象になり得ます。

「ちゃんとしたビジネスパーソン」になるのは、さほど難しくないということです。

「あたりまえ」を習慣化する

次に、②**「あたりまえ」を継続する**、について。

「あたりまえ」をちゃんとやること。これが一歩目でしたが、継続してやり続けることがとても大事です。やり続けることで、いつしか「あたりまえ」が習慣化します。

継続と聞くとしんどいことのように思うかもしれませんが、実は逆です。

日々、歯磨きをしたりお風呂に入ったりするのと同じように、**続けることで、さほど負荷を感じずに「あたりまえ」が自然とできるようになります。**

新入社員は入社して1カ月くらいなら、全員、出社したら元気にあいさつします。

しかし、大型連休が明けて、夏休みも終わり、半年、10カ月と時間がたつにつれて、あいさつをせずに下を向いたまま無言で出社する人が増えていきます。ここで最初の差がつきます。

あなたは「元気にあいさつする新人」として一目置かれることになります。

さらに時間がたち、入社2年目になって、新入社員の初出社のときと同じ気持ちで元気にあいさつできる人はどのくらいいるでしょうか。おそらく1／3もいないのではないでしょうか。

1年以上、毎日元気にあいさつできている人は、おそらく自分が元気にあいさつしているという自覚さえないかもしれません。無意識のうちに声が出ているからです。

この段階であなたは、「気持ちいいあいさつのできる若手」として、職場の人たちから絶大なる信頼を得ていることでしょう。**無意識にできることで高い評価や信頼を手にできるとは、これほどお得なことはありません。**

つまり「**あたりまえ**」**は、続けることでラクになる**ということ。このラクになるところまで継続できずにやめてしまう人が多く、もったいないことです。

あたりまえを習慣化できると、頭ひとつ抜ける。このことを覚えておきましょう。

インパクトを出したい人は、数で圧倒する

「あたりまえ」を習慣化させる。これこそが、「あたりまえ」を「あたりまえ以上」にやる、です。

もっとインパクトを出したい、という人は、**普段から「あたりまえ」を超えていく**ことを意識してみましょう。

「明日までに改善案を10個出して」と言われたら、期限までにきっちり10個提出するのは「あたりまえ」。ここで**30個出すのが「あたりまえ以上」**です。ただし、継続できないと「最初だけ勢いがあったな」という評価に終わってしまいますので、やるなら徹底してやると決めてください。先ほどの「継続して頭ひとつ抜ける」の話と同じです。

大事なポイントは、無理に100個出す必要はないということです。30個でいいのです。なぜなら、相手の期待（である10）を超えた水準でやることに意味があるから。

この「あたりまえ以上」が、周りと大きく差をつけるコツであり、自分で自分を急成長させる、てっとり早い方法でもあります。

日報であれば、業務報告として**毎日提出するのは「あたりまえ」**です。周りには毎日提出せず、週末にあわてて5日分書くような「あたりまえ以下」の人がたくさんいますから、「あたりまえ」を続けるだけであなたの価値は高まっていくのですが、そこであえて**「あたりまえ以上」を目指します。**

業務報告に加え、その日に学んだ仕事の考え方・やり方を言語化して、日報に盛り込んでみるのです。

〈日報〉

①ほとんどの人（**あたりまえ以下**）：週末にあわてて5日分の出来事を書く↓特に評価されない

②**あたりまえができる人：毎日提出**する↓ちゃんとやっているなと**評価される**

③**あたりまえ以上**ができる人：**毎日の業務報告＋その日学んだ仕事の考え方とやり**

方を書く↓日々、主体的に仕事に取り組んでいると**プラス評価される**

④間違った努力をしている人：**長文の業務報告を作成し、週末に提出**する↓残念ながら、①の人とほぼ変わらず、**評価されない**

③は、私が実際にやっていたことでもあります。周りが「今日はこれをやりました」という報告に終始する中、私は「今日はこんなことを考えて、これをやりました。その結果、こんなことを考えました」と、自分の思考を言語化して記していたのです。するとある日、上司から日報の内容をほめられ、「入社してくるのが脅威だと感じる振り返りと考察だ」と言われました（当時は内定者アルバイトでした）。

私はとても意外でした。「こんなことでほめられていいのだろうか」と拍子抜けした感覚です。

内定者や新入社員が仕事中に考えたり、仕事で得たりすることなんて、上司から見れば「大したことのないこと」であるはずです。

しかも、考えずに仕事をする人なんていません。私だけでなく、周りの誰もが考えて仕事をしています。ほかの人が日報に「自分の考え」を書かない中、私はそれを書いた。それだけの話です。

「大したことのない考え」でも、「ほかの誰もが考えていそうなこと」でも、それを**「記すか、記さないか」で大きな違いが生まれる。**「あたりまえ以上」の威力とコスパの良さを思い知りました。

　後述しますが、ビジネスも同様に「あたりまえ以上」を続けることで、頭ひとつ抜きん出ることができます。

「他者想」を発揮して上司の立場になって考えてみれば、自分が期待していること以上のことを部下がやってくれたら、頼もしいと感じ、うれしくなるはずです。そんな部下には、もっと時間を作って、いろいろ教えてあげたいと思うに違いありません。

「あたりまえ」を「あたりまえ以上」にやる。これはあなたの評価を確実に高める方法であるとともに、**自分自身を成長させる最も効果的な方法**でもあるのです。

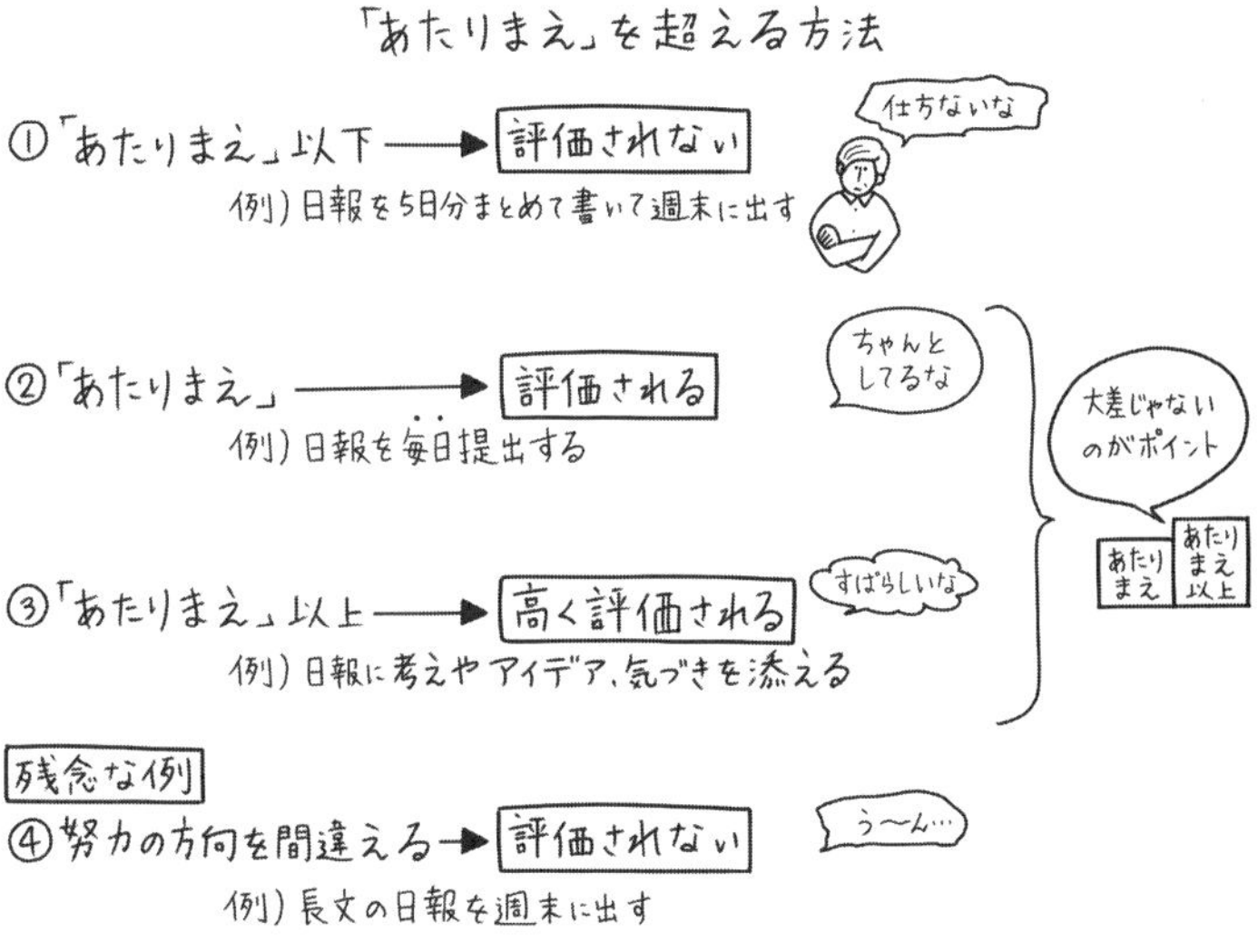
「あたりまえ」を超える方法
①「あたりまえ」以下 → 評価されない
例）日報を5日分まとめて書いて週末に出す
仕方ないいな
②「あたりまえ」 → 評価される
例）日報を毎日提出する
ちゃんとしてるな
③「あたりまえ」以上 → 高く評価される
例）日報に考えやアイデア、気づきを添える
すばらしいな
大差じゃないのがポイント
あたりまえ
あたりまえ以上
残念な例
④努力の方向を間違える → 評価されない
例）長文の日報を週末に出す
う～ん…

「習慣化の成功体験」は再現性が高い

「あたりまえ」を継続することで習慣化する。そのことで得た**「習慣化の成功体験」は、非常に汎用性かつ再現性の高いもの**です。

一度何かを習慣化できた人は、継続力が身についています。「習慣化の成功体験」を、さまざまな挑戦に活用し、次々と目標達成していきます。

例えばどんなに仕事が忙しくても、週3回、通勤前の1時間でスポーツジムに行ってランニングと筋トレして、目標マイナス3キロを実現するとします。「習慣化の成功体験」のある人は、以前の成功パターンと同じように、今回も淡々とジムに通い続けます。

このとき、挫折しにくくする方法が2つあります。

一つは、**具体的な目標を立てて周囲に宣言する**こと。目的がないと続きませんから、とりあえず数値目標を決めましょう。そして、「目標マイナス3キロです！」と周囲に話してしまったら、もう後には引けません。

仲間と一緒に挑戦するのもおすすめです。ジムに行ったらメッセンジャーで報告するなど、ピアプレッシャーを上手に利用して継続力を高めていきます。

挫折しにくくするもう一つの方法は、**振り返りと改善案の実行**です。

週3回だと決めていたのに週1回しか行けなかったとします。

その週の週末に「なぜ週1回しか行けなかったのか」失敗要因を探ります。

- そもそもジムが通勤ルートとは反対の場所にあり、行くのがおっくうだ
- 出かける前にバタバタしてしまい、ウェアの用意を忘れて、行くのをあきらめた

具体的な「**失敗要因**」**を一つずつつぶしていく**のです。

●（立地の問題ならば）**会社か自宅の最寄り駅にあるジムにする**
●（ウェア準備の問題ならば）**貸出ＯＫのジムに行く、月額ロッカーを借りる**

ほとんどの人は「振り返り」だけで終わっています。

「振り返り」は、ともすると「できない理由探し」になってしまう危険があります。「だから続かなかったんだ」と、途中でやめてしまうのはもったいないことです。

振り返りと改善案はセットで。「だったらこうしてみよう」というところまで考え、修正を繰り返し、ラクに習慣化できるよう軌道修正しましょう。継続力がある人は、自然とこの軌道修正をおこなっているはずです。

習慣化→成功→次なる習慣化→成功、のサイクルに入ると、人は加速度的に成長します。仕事のみならず普段の生活でも成功体験が増えると、自分に自信が持てるようになり、ますます習慣化の成功体験は積み上がっていきます。

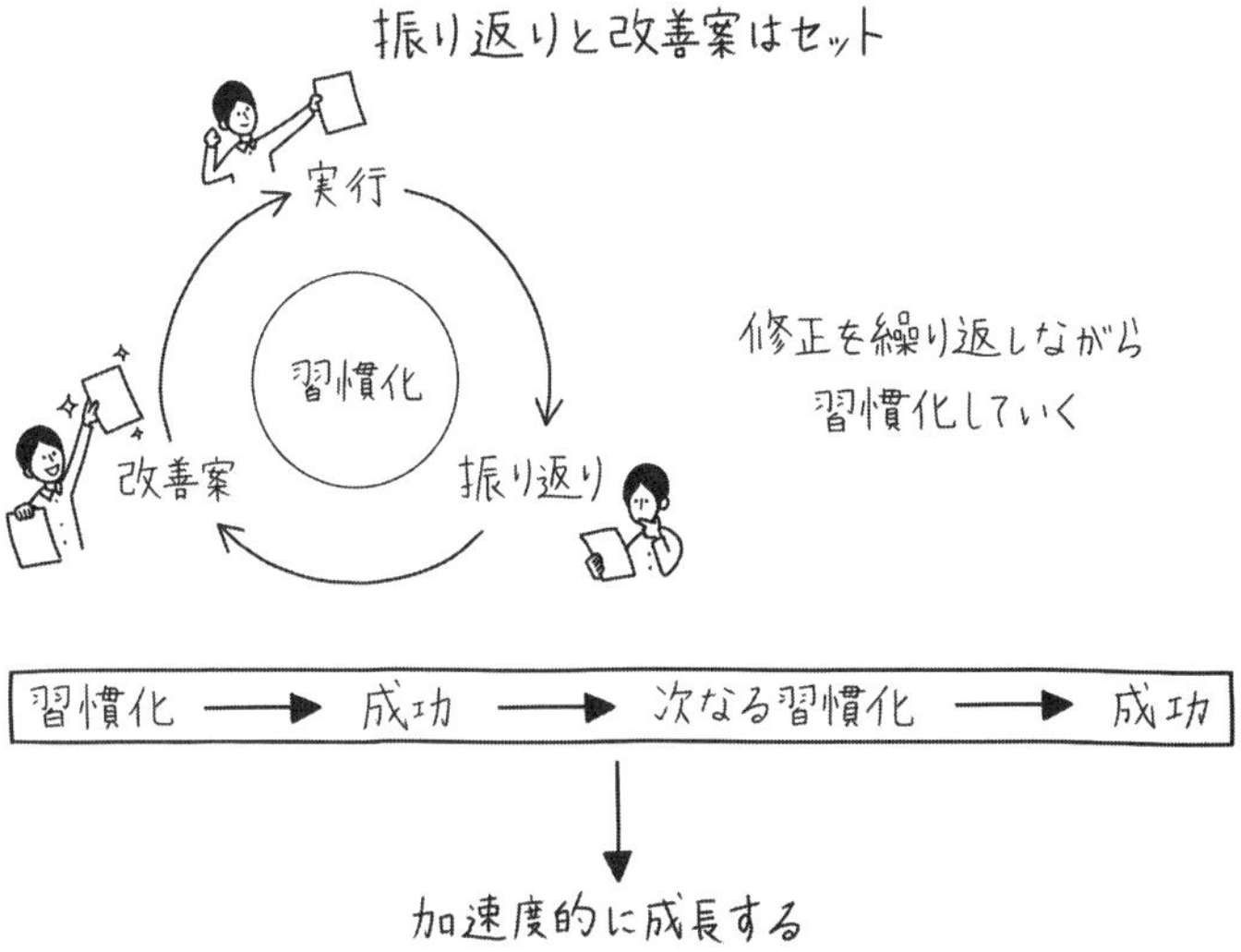
振り返りと改善案はセット
実行
習慣化
振り返り
改善案
修正を繰り返しながら
習慣化していく
習慣化 → 成功 → 次なる習慣化 → 成功
加速度的に成長する

3 無理せず「自然体」で自分らしく

続けるために、一番大切なこと

20代前半で企業や組織に就職し、そこからキャリアをスタートした人（スタートする人）が多いと思います。みなさんはこの先40年、ひょっとしたらもっと長く、働き続けるかもしれません。長い人生を考えると、仕事をする上で本当に大切なことは、先に述べたとおり**無理なく継続できること**ではないでしょうか。

もちろん、ある時期がんばることも大事です。仕事を覚えるまでは、努力も必要でしょう。しかし、**長い目で見て大切にしてほしいのは、がんばりすぎないこと**だと私は考えます。

●無理をしない
●自然体でいる

このような、一見何の努力も必要なさそうなことを「大切にしたいこと」として3つめにあげたのは、**「無理なく自然体で」は日々意識しないとできない**ことだからです。

仕事をしていると、なぜだか私たちは無理をしたり、自然体でいられなくなったりしがちです。それでは継続はできません。どこかで、しんどくなってしまう。

だからこそ、日々の仕事で

●いかに無理をしないか
●いかに自然体でできるか（自分らしくできるか）

を、真剣に考えて行動してほしいのです。

言い換えれば**無理だけはしないでくださいね、**ということです。

「自分をもっと高めよう」「よりよい自分になろう」と考えるのはすばらしいことですし、「がんばらなきゃ」と意気込む、その気持ちもわかります。しかし、意気込みそのままに、最初からフルスロットルで努力を重ねようとすると、どこかで必ず、息切れが訪れます。

「モチベーションを上げなきゃ」といった考えも、私は違うと思っています。

締め切り前日で「今日はがんばらなければ！」という場合は仕方がありませんが、毎日がんばり続けなければならない状況だとしたら、それは明らかに不自然です。

残念ながら、**不自然なことは長くは続きません**。

受験に向けて「毎日単語を100個覚えよう」と決意して1週間続けたものの、疲れて1日休んでしまったらそれっきりになってしまい、結局何も覚えていなかった。ダイエットをしようと「毎日5キロ走ろう」と決意して1週間続けたものの、仕事が忙しくなって「今日はいいか」と休んだらそれっきりになってしまい、リバウンド……。

私にも経験があります。

「努力」と「挫折」はいつも、表裏一体です。

がんばりすぎて燃え尽きないようにしてください。あなたの代わりはあなたしかいません。自分を大切にしながら、あせらず、上手に成長していってほしいと心から願っています。

「無理しない」を常に意識する

努力が続かないのは、私たちが「怠け者」だからなのではありません。

その努力が「不自然」だからです。

言い換えれば、**「がんばりすぎ」だから**なのです。

先ほど、周囲から抜きん出る方法をお伝えしましたが、他人との比較ばかりしていると、知らないうちにがんばりすぎてしまう可能性があります。

長距離ランナーと同じで、ライバル選手とのデッドヒートで消耗してスタミナ切れになってしまったり、無理してスピードを上げすぎて体力を消耗して途中棄権したり、といったことは避けたいものです。

時にはあえてペースを抑えたり、どこかで給水したり休憩したりすることは、自分のベストタイムを更新するためには、とても大事なことです。

意識していただきたいのは、

- **努力をしない（でできる）やり方を考えて、**
- **常にそちら（努力をしないやり方）を選択する**ことです。

あなたが金曜までにやらなければならない仕事が5つあるとします。

今日は火曜日、まだ仕事は1つも終わっていませんが、正直、あまり体調がよくありません。

①スタミナドリンクを飲んで、気合いで1つだけでも仕事を終わらせる
②早く仕事を切り上げて、帰宅後すぐに寝て明日に備える

まじめな人は、どうしても①を選びがちです。確かに5つも仕事が残っていたら不安になりますし、「あまり体調がよくない」程度であれば、がんばったほうがいいのかもしれません。

しかし、「無理なく自然体で」を意識した場合はどうでしょう。

迷わず②を選ぶでしょう。

今日はパフォーマンスがいつも通り出せないのだからと割り切り、体調回復を最優先にします。**「いつもの自分」に戻すことが最優先**だからです。

上司が「今週の5つの仕事、ちゃんと進めているのかな?」と心配しているとしたら、先に報告すればいいのです。

「大変申し訳ありませんが、今日は体調があまりよくありませんので、失礼させていただきます。1つめの仕事はここまで終わっています。明日には1つめを終えて、木曜の午後5時までに4つめの仕事が終えられる予定で、スケジュールを組み、タスクを洗い出しました。ご不明な点や進め方などでご不安な点がありましたら、明日の朝にご指摘いただけますと助かります」

こんなふうに

- ここまでできている（**現状報告**）
- 最終的に金曜日までに間に合わせる（**見通し**）
- 具体的にいつ、こんなふうにやる予定だ（**具体策**）

という3点がわかれば、上司の不安はほとんど解消されるはずです。

そうして早めに帰宅し、翌日すっきりした体と頭で仕事をしたほうが、明らかにパフォーマンスが上がるでしょう。

翌朝には、上司から「より早く仕事を進めるためのアドバイス」が得られるかもしれませんし、「金曜までは難しそうだから、ここは一緒にやろう」などとサポートが得られる可能性もあります。

「無理しない」を常に意識する

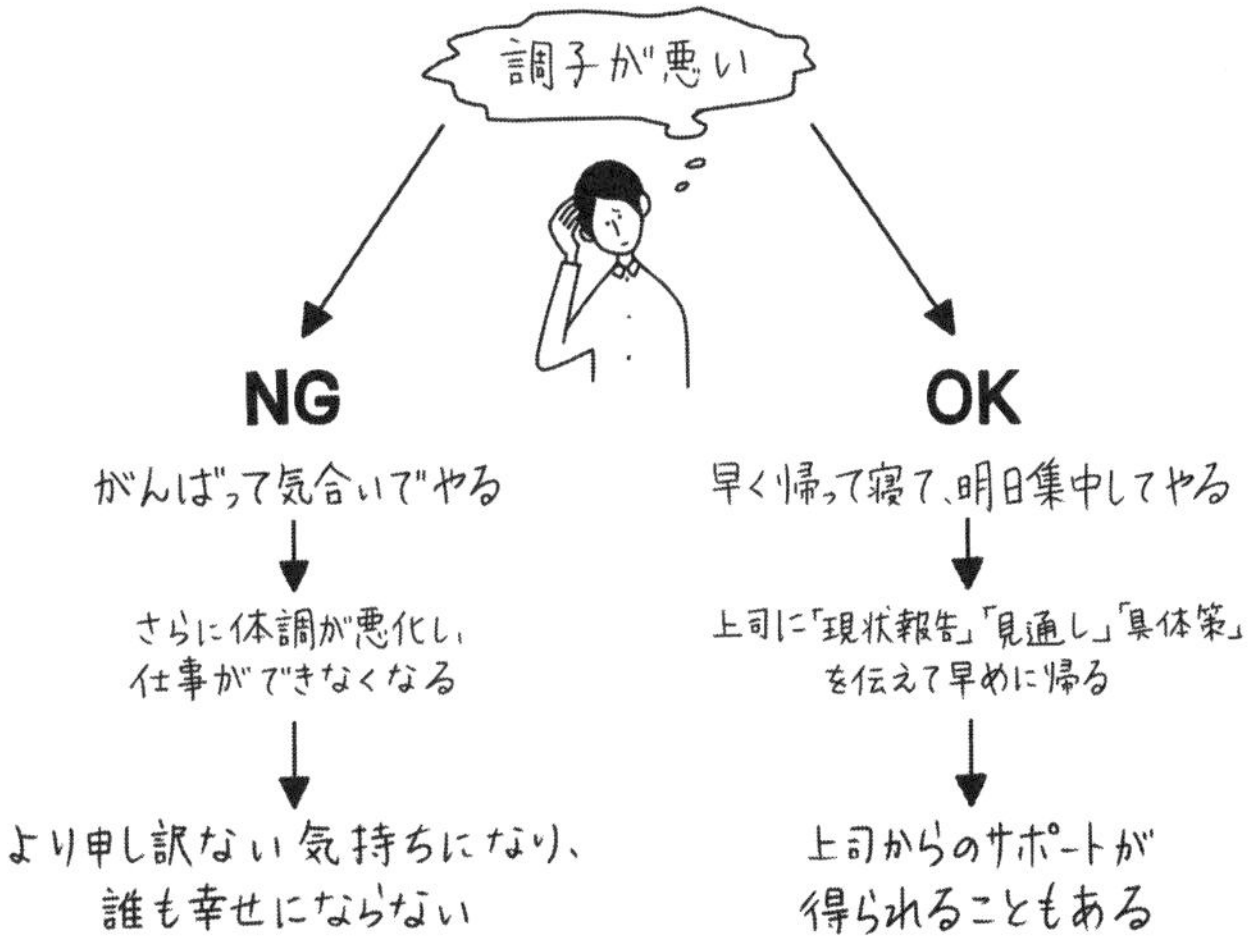

思い出してください。

すべては「他者想」です。

上司からすれば、それまでに何の報告や相談もなく、金曜日になって「実は体調が悪くて1つしかできませんでした」と言われてしまったら、どうすることもできません。ですが、火曜日に部下から体調があまりよくないという報告を受けていれば、水木金でリカバーする方法も考えておこうとするでしょう。

体調があまりよくないと思ったら、仕事を切り上げ、早く休む。

これが「努力をしないやり方」を選ぶということ。つまり、**社会人が成果を出すためにやるべきこと**なのです。

上司に今日は早く帰ると言うのは勇気のいることですが、「他者想」を働かせれば、そちらのほうが相手のためであるとわかるはずです。勇気を出して、一言伝えましょう。

調子の波があるのは「自然」なこと

人間誰しも、体がちょっと重いときもあれば、いまいち気分が乗らないときもあります。

体調や気分に波があるのは、人間として「自然」なことです。

「ちょっと疲れた」「ちょっと乗らない」。このような自分の素直な声を、「いやいや、がんばるんだ！」と気合いで制し続けていると、やがてひずみが生じます。「何のためにここまでがんばっているんだろう」と思うようになり、「こんなにつらい思いをしてまでがんばることはないか」と心も体も疲弊してしまうのです。

体や心の声に素直に耳を傾け、今の自分がどうすれば無理なく自然体でパフォーマンスが出せるのかを、冷静に考えてみましょう。

ビジネスパーソンとしての人生は、数十年も続きます。あせることなどありません。

体調や気分の浮き沈みを考えながら、少しずつ、確実に、経験を積み重ねていき、上手に**自然体でいられる人になりましょう。**

努力なしで成長する方法

誤解していただきたくないのは、決して「怠惰であれ」と言っているわけではないということです。自然体で無理なく、自身を磨き、成長させる方法があります。

それが、先ほども書いた**「習慣化」**です。

私たちが寝る前に歯を磨くのが苦痛でないのは（中には苦手な方もいるかもしれませんが）、それが毎日の習慣だからです。

習慣になれば、自然と続きます。

先ほどの「あたりまえ」を徹底的にやる習慣がつけば、無理せず、努力せず、自然に、日々仕事ができるようになります。

そうなれば、中長期的には、気合いやモチベーションなしで、ほかの人たちが追いつけないレベルで、あなたは成長していることでしょう。

いつもの自分のままで働けるとうまくいく

私は「他者想」で行動するようになってから、「性格が変わった」と言われたと書きました。しかし実は、**変わった後の自分のほうが「本来の自分」**だと感じています。

仕事でイライラしていた頃の私は、不要なプレッシャーを背負い、どこか背伸びをしていました。そういう自分は、本来の自分ではありません。それだけでなく、自分の嫌な部分が前面に出ていて、自分のことが好きになれませんでした。

自分が自分のまま、周囲に助けてもらいながら、時には周囲の人を助けながら仕事をしているほうが、リラックスできますし、生産性も上がります。何よりそういう自分のことを好きでいられます。**自然体こそがハイパフォーマンスの原動力**です。

入社して間もない方は、なかなか自然体でと言われても、緊張してうまくいかないかもしれません。私もそうでした。しかし、あせることはありません。自然体で働く自分の姿をイメージしながら、少しずつ仕事を覚えていきましょう。

自分が自分のまま、自分らしく仕事ができるようになると、不思議と成果も上がるようになり、どんどん仕事がおもしろくなります。

まずは肩の力を抜いて、自然体を意識することから始めましょう。

自分の強みだけを伸ばす

チームで仕事をする上でも、「自然体」は大切です。

「仕事だから、何でもかんでも自分ががんばる」のは、やはり不自然なことです。「この仕事は苦手だけど、なんとか克服しよう」と無理してがんばるのは、自分がつらいばかりでなく、周りの足を引っ張ることにもなります。

私はいつも、**「自分の得意なことでチームに貢献し、苦手なことは周りに手伝ってもらったり、代わったりしてもらおう」**と考えています。

チームとして働き、成果を出すのが「会社」という組織です。

チーム全員が最高のパフォーマンスを発揮すれば、最大限の成果を得ることができます。そのためには、全員が「得意なこと」に注力するのが一番てっとり早い。

私はよく、**「強みだけを伸ばす」**という言葉を使っています。

弱みを克服しようと悪戦苦闘するよりも、強みを伸ばすことに注力したほうが絶対にうまくいきます。だから、とことん「強みを伸ばすこと」に注力すべきです。

では「強み」とは何でしょうか。私は次のように定義しています。

- **強みとは、自分にとっては簡単で、他人にとっては難しいこと**

人は苦手だが自分は比較的ストレスなくやれること。これはまさに自然体でできることです。

ここで気をつけたいのは、強みを自分で決めつけないことです。

そもそも、自分の強みが何かわかっていない人がほとんどです。

強みは見つけるのではなく、他人から見つけてもらうものです。


「Aさんは、お客様との電話対応が丁寧で感じがいいですね」

先輩から言われたAさんですが、当の本人は内気でコミュニケーションには苦手意識があり、強みは一人で黙々と事務作業をおこなうことだと勘違いしていました。

ところが、シャイなAさんだからこそ、お客様の話に謙虚に耳を傾け、丁寧に対応していました。むしろAさんは「コミュニケーション能力の高い人」です。

「自分も電話が得意ではないので、お客様もドキドキしながらかけてきているのかなと思って、高圧的にならないよう心がけていました」

やはりAさんは、共感力もある「コミュニケーション能力の高い人」なのです。

上司や先輩に指導されたわけではないのに、自然とお客様に寄り添うコミュニケーションができている。これこそがAさんの強みです。

こんなふうに、強みに関しては、本人が誤解しているケースが多いのです。

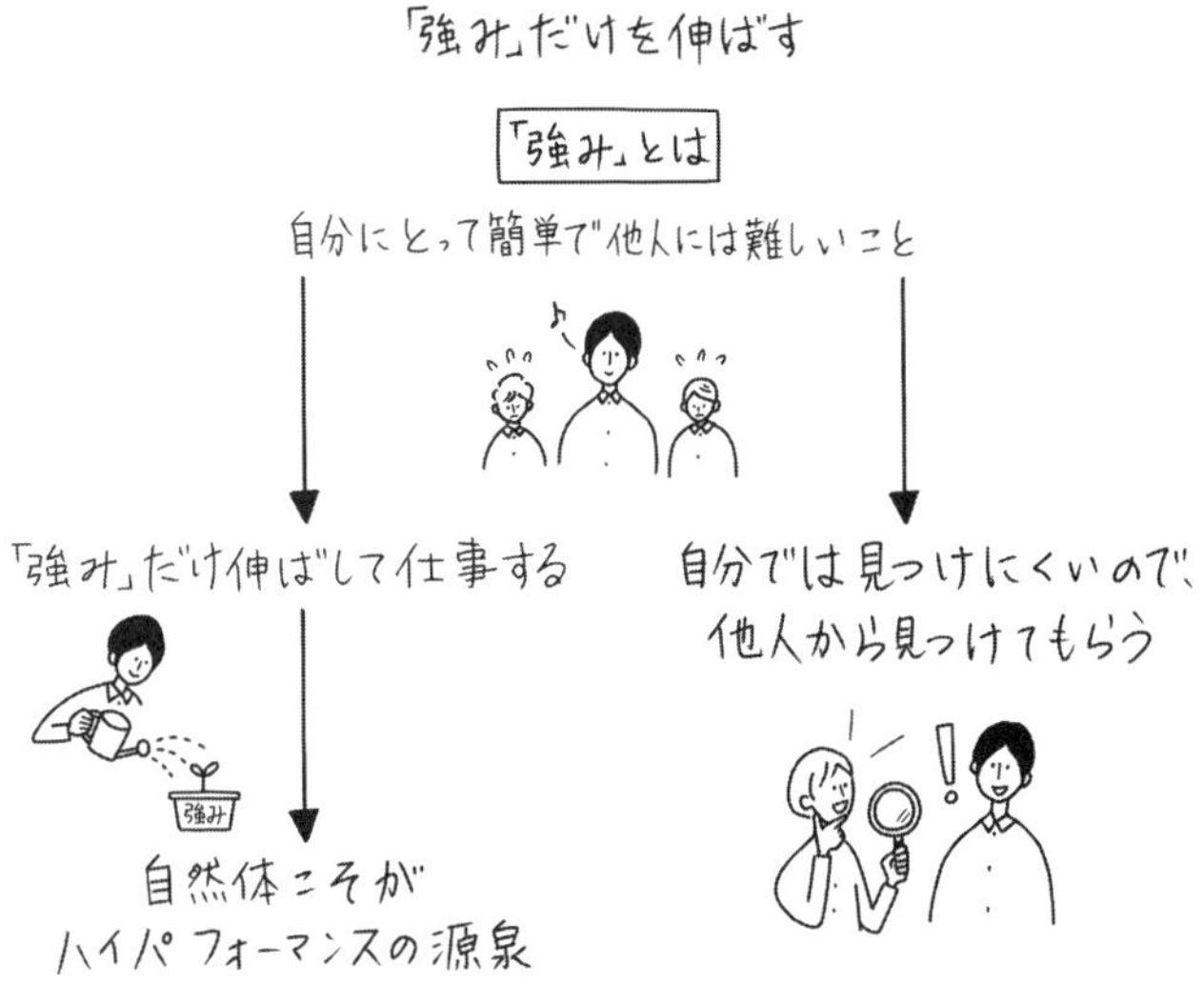
「強み」だけを伸ばす
「強み」とは
自分にとって簡単で他人には難しいこと
♪
「強み」だけ伸ばして仕事する
強み
自然体こそが
ハイパフォーマンスの源泉
自分では見つけにくいので、
他人から見つけてもらう
!

自分の「弱み」はたいてい合っている

一方、**自分の弱みについては、ほとんどの人が正しく理解しています。**

「弱み」とは**「他人にとっては簡単で、自分にとっては難しいこと」**ですので、把握しやすいのかもしれません。

自分にとっては難しいのに、ほかの人が難なくやれていることがあれば、そちらは「弱み」だと認めて、できる限り人に任せる。不自然な努力をしないということです。

あるいは、**弱みを強みに変換する**という方法もあります。

先ほどのAさんのように、自分から積極的に話すのが苦手だから聞き役に回るというのは、弱みを強みに上手に変換できている好例といえます。

弱みも強みも表裏一体、大切なのは**自分の弱みを受け入れること**です。

たまに「自分には弱点はない」と言い切る人がいます。強みを思い込んでしまうのと同じく、弱みを認めずにいると、一向に成果が上がりません。チームプレーもうまくいかないため、周囲から孤立していき、どんどん頑なになっていきますので注意が必要です。

人には誰しも弱みがあります。

言い換えると、**人には誰しも強みがある**ということです。

自然体の自分のままで成果を出すためにも、弱みを受け入れることが大事です。

万能型バランス人間を目指さない

五角形のレーダーチャートのように、「営業力」「創造力」「論理的思考力」などの能力すべてをバランスよく持っている人は、ほとんどいません。

どんなに能力の高い人でも、ある程度のばらつきはあります。

マーケッターとしてキャリアをスタートしたBさんは、入社2年目で広告の運用を担当し「作る」側の仕事を学びます。そして、入社4年目でダイレクト広告の部署に異動し、広告を「出す」側と「依頼する側」の仕事を担当します。さらには5年目でテレビCMの担当者となり、入社6年目にはプロデューサーの肩書を持つ、マーケティングに関する子会社の社長になりました。

こんなふうに、新卒で携わった仕事で「強み」を見つけ、スケールアップしながら強みをより磨いて昇進していくケースもあります。

また、バランス人間を目指したいという人の深層心理として、「自分の好きなことややりたいことがない」というものがあります。

得意なこと（強み）＝好きなこと（やりたいこと）だと考えている人です。

私は、**好きなことややりたいことはなくていい、一切気にしなくて大丈夫**と考えています。

好きかどうかよりも、得意だと周囲から言われたことを「強み」だと認識してレベルアップさせていくほうが自然ですし、成果も上がりやすいです。そうやって強みをレベルアップさせていくうちに仕事が楽しくなり、**得意=好きになる**ことも大いにあり得るからです。

先ほどお伝えしたとおり、強みを思い込んで勘違いしてしまっているケースと同様に、**好きなことややりたいことも思い込みである可能性はあります。**

なので気にせず「自分にとっては簡単で、他人にとっては難しいこと」を磨いていくことだけをとりあえずはやっていきましょう。

強みを活かす役割が「社長」だった

私は営業が得意ではありません。

口数が多いほうではありませんので、どうしても苦手意識が出てしまいます(今は経営者としてトップ営業することもあるので、だいぶ慣れましたが)。

そこで、なんとか苦手を克服しようとセールストークの練習をしても、やはりうまくはいきません。それどころか、お客様を不快にさせることが増えるかもしれませんし、チームとしてもパフォーマンスは間違いなく下がります。何より、自分自身がつらいですし、誰も幸せになりません。

それならば営業活動は「営業が得意な人」に任せ、自分は自分の得意なことでチームに貢献するほうがいい。自分らしく無理なく仕事ができ、かつチームとしても大きな成果を得ることができるからです。

もちろん経験で克服できる弱点はたくさんありますが、**弱点以上に仕事やチームに役立つ強みがあるのなら、そちらを伸ばすほうに注力します。**

私は子どもの頃から、人の前に立ってリーダーシップをとるのが得意でした。

今の私がおこなっている社長としてリーダーシップをとるという仕事は、無理なくできる得意なことともいえます。といっても、いわゆるカリスマのような特別な存在として人々を惹きつけるのではなく、皆の意見を聞きながら全員が向かうべき方向を自分なりに考えて示し、そこに向かって全員を導いていくような、道先案内人的なことが得意だったという意味です。

大学4年生のとき、サイバーエージェントのインターンシップ中に知り合った仲間3人と意気投合し、「My365」という写真共有アプリを作りました。そのときも、「いつの間にかリーダーになっていた」という感覚でした。

子どものときに友だちと遊んだり、学生時代に文化祭での出し物を企画したりしたときと同じように、本当にいつの間にか、「My365」を作るチームのリーダーになっていたのです。

「My365」はリリースするやいなや、1週間で5万ダウンロードと予想以上の大ヒットを記録。これがサイバーエージェント社長の藤田晋の目に留まるところとなり、私たち4人は「My365」を柱とした新会社「シロク」を設立することになります。

社長の藤田と仲間3人の推薦を受け、私は21歳でシロクの社長に就任しました。これが「経営者」としてのキャリアのスタートです。それからも、ただひたすらに、「リーダーシップ」という強みを磨き続け、伸ばし続けて、今があります。

誤解を恐れずにいえば、リーダーシップは、私が「がんばって身につけたもの」ではありません。子どもの頃からごくごく自然に身についていた、まさに私の強みです。
強みを活かせば、自然体で働き続けることができるようになります。

「弱み」を任せることが、他者へのリスペクトに

「営業が得意です」「リーダーシップが強みです」などと具体的な強みを見つけることができていないという人は、**自分の仕事を「小さく分けて」みる**ことをおすすめします。

- **コピー用紙の補充やウォーターサーバーの水タンクの交換などに気づいて対応するのが早い**
- **最初に意見を言える**
- **会議の議事録をとって終了直後にチャットにあげられる**
- **メールをすぐに返信できる**

これらは、苦手な人からすれば本当にありがたいことです。

誰もが必ず、こうした強みを持っているはずです。ただ、あまりに自分の中であたりまえのこととしてやれているから、気づかないだけなのかもしれません。

一番無理なくできて成果の出る仕事を見つけていきましょう。

わかりやすい方法としては、周囲の人から感謝されることは強みといっていいでしょう。

「いつもコピー用紙やトナーの交換をしてくれてありがとうございます」

「部のメンバーの予定調整をやってくれて本当に助かるよ」

「待ち合わせ場所にはいつも一番に到着していてすばらしいね」

こんなふうに言葉をかけてもらったら、それは強みといっていい。

一方、自分がどうしても苦手で、やろうとすると苦痛が伴ったり、人の何倍も時間がかかったりしてしまうことは、可能な限り、それが得意な人に任せましょう。

「○○さん、これお願いしていいですか？　代わりにこちらの仕事は私がやります」

お互いの強みを活かして仕事の役割分担ができれば、チームの成果が上がることは明白です。

自分の弱みを認め、受け入れ、誰かの助けを借りるということは、プライドの高い人にとっては少し勇気のいる行為かもしれません。

しかし、こう考えてみましょう。

先ほどの「ありがとうございます」「本当に助かるよ」という言葉を思い出してください。**誰かの力を借りるというのは、相手をリスペクトする行為**でもあります。

逆にいえば、**自分の強みを活かして感謝されるということは、誰かの役に立っていること**でもあります。

チームで大きな成果を出すためだけでなく、仲間をリスペクトする心を持って仕事をするためにも、自分の弱みと向き合うことには意味があるのです。

コラム

「笑顔」を練習して身につける

「笑顔」は、**コミュニケーションにおける最大の武器**です。誰だって「不機嫌な人」より「ご機嫌な人」と話したいと思うものでしょう。

学生時代の私はどちらかといえば無表情なほうでした。おもしろくて笑っているはずなのに「飯塚くん、おもしろくないの？」と心配されることも……。

そのため、楽しい感情がそのまま表情に出て、おもしろいときにゲラゲラ笑う人をうらやましく思うこともありました。話し手はうれしそうに話していますし、一緒にいる人も楽しそうに笑っています。自分も、もっと相手に喜んでもらいたい。そう考えた私は、**「笑顔」の練習**をすることにしました。

鏡で自分の顔を見ながら、顔の一つひとつのパーツを分析すると、私はむしろ真顔でも「笑顔」に近いつくりをしていることがわかりました。

目は細く、口は大きい。だから「こんな笑顔で話せたり、話を聞けたりしたらいいのに」という理想の笑顔を、鏡を見ながらすぐにつかむことができました。

もともと、おもしろい話を聞いたり、おもしろい場面に出くわしたりしたときに「おもしろい」と思う感覚はあります。自然と笑顔になれるはずなので、あとは顔の筋肉を、いつもよりちょっと大きく動かすだけです。

しばらくすると、練習の効果が出始めました。

私に話をしてくれる人は、私の表情を見て、ますます気分を乗せて話してくれるようになりました。一方で、私の話を聞いてくれる人も、私の表情を見て、ますます気分を乗せて話を聞いてくれます。そういう人を見て、私もご機嫌になります。

「他者想」を働かせてみてください。あいさつの後、ニコッと笑顔の新入社員と、無表情でやや不機嫌そうに会釈だけする新入社員。どちらに仕事を教えてあげたいと上司は思うでしょうか。オンライン会議でムスッとした顔で話を聞いている人と、笑顔で聞いてくれる人。どちらの会議のほうが、生産性は高そうでしょうか。

笑顔は「初期費用ゼロ」のビジネスツール。身につけない手はありません。

第2章

仕事をする上で知っておきたいこと

仕事の能力は後天的に身につく

私はごく普通の人間です。天才ではありません。

普通の人間にとって、「会社」という組織で働くことは、実はとても魅力的なことだと思っています。なぜなら、**誰もが活躍できる可能性のある世界**だからです。

背が高いから、足が速いから、身体能力が高いから。あるいは、子どもの頃からやっていたから。両親がその分野で活躍していたから……。このような、持って生まれた特徴や育った環境で一定の適性が決まってしまうスポーツや芸能、芸術分野とは違い、社会人は「スタートライン」がほぼ横一線です。

ほとんどの人は学校を卒業してからのスタート。それまでは誰も、社会人の経験がなく（アルバイトは別として）、まっさらな状態から一歩を踏み出します。

そう、**仕事とは、誰もが「後天的に身につけた力」で上がれる世界**なのです。

とはいえ、正しい努力をしないと、なかなか成果につながりません。受験勉強ではみんな、予備校や学校別の対策テキストなどを使って効率よく勉強しようと努めているのに、仕事では「効率的に進めて、最小の努力で、最速で成果を出そう」と徹底的に対策している人はそれほど多くないように感じます。

そして私は、正直に言うと、どちらかといえば口下手で、コミュニケーション能力も高いほうではありませんでした。**組織で働く上で大切な「対人能力」も、後天的に身につけた**のです。

どうやって「身につけた」のか。具体的には、この本の冒頭でご紹介した「他者想(他者への想像力)」を必死に働かせ、少しずつ、磨いてきました。

「コミュニケーション」という、一見あいまいで、感覚的で、感情的で、つかみどころがないものを、「思考」を使ってハックしていったというわけです。

「自分は天才じゃないから」「自分はコミュ力が高くないから」と心配することはありません。

仕事の能力は後天的に身につくもの。自分も必ず仕事で活躍できると信じ、本書を読み進めていただけたらうれしいです。

仕事に「スキル」はいらない

スキルとは、わかりやすい「能力の証明書」

いきなり「仕事に『スキル』はいらない」と言われても、戸惑う人がほとんどでしょう。

なぜなら、就職活動では「自分の持っている『スキル』を企業にアピールしよう」とアドバイスされてきたはずだからです。

リーダーシップがある。コミュニケーション能力に長けている。プログラミングの知識がある。動画を編集できる。TOEIC860点のスコアを持っている……。社会人として活躍するのに必要と思われるスキルの種類はたくさんあります。

企業に自分を売り込む競争の中にいると、自分が身につけていないスキルを持っているライバルを目にして「こんなスキルを持っているのか……」と戸惑ったり、自分より高いスキルを身につけているライバルを目にして「自分ももっとスキルを磨かなければ」とあせったりするものです。

スキルとはいわば、**わかりやすい「能力の証明書」**のようなものです。

社会人になってからも、資格を持っていれば転職に有利だろうと、一生懸命に資格の取得を目指す人もいます。かくいう私もそうでした。

身につけようとするほど不安が大きくなる

ここで少し私の話をさせてください。

学生時代の私には、「会社の経営をやってみたい」という確かな希望がありました。

しかし、数々の創業社長の著書を読み漁る中で、自分には**社長になるための「スキル」が足りていない**と思いました。

堀江貴文（ホリエモン）さんは中学時代から勉強そっちのけでプログラミングに明け

暮れ、中学2年生のときにはすでに塾の教材システムの移植という仕事まで請け負っていたような方です。三木谷浩史（楽天グループの創業者）さんも大学卒業後、日本興業銀行（現・みずほ銀行）に入行して、組織を動かす経験を積んでいました。

一方の私には、「社長になりたい」という思いはあるけれど、プロデューサーのような「企画力」というスキルも、ディレクターのような「演出力」「進行管理力」というスキルも、プログラマーのような「コードを書くスキル」も、クリエイターのような「ものづくりのスキル」もありません。

自分の中に明確に不足している部分を見つけると、不安は募るばかりです。「こんなんで社長になれるのかな」なんて気持ちもよぎります。

不安を払拭すべく、かつての私はさまざまなスキルを身につけようとしました。

しかしスキルを身につけようとすればするほど、私の不安はふくらみます。

そもそも「ものづくり」が得意な人に、「ものづくりのスキルを身につけよう」と考えて身につけた人はいません。「ものづくりのスキルを身につけよう」、「ものづくりが得意な人から何かを学ぼう」。そう思った時点ですでに不自然です。

一生懸命スキルを身につけようとがんばっても、私の「後づけスキル」には限界がありました。考えてみれば、**がんばるという行為も不自然**で、しょせん**「好き」や「やらずにはいられない」人には勝てない**ことを思い知り、不安はどんどん大きくなっていったのでした。

スキルのないまま社長を目指せるのか……。劣等感を抱いたまま、私は就職活動を始めます。やがて、サイバーエージェントのインターンシップ中に知り合った、図らずも「ものづくり」が得意な仲間3人と意気投合し、「My365」という写真共有アプリを作ることになります。このサービスの「ものづくり」部分、プログラミングやウェブデザインについては、私以外のメンバーが中心となっておこないました。

前述のとおり、「My365」の大ヒットにより新会社「シロク」を設立し、サイバーエージェント社長の藤田と仲間3人の推薦を受けてシロクの社長になりました。

私は結局、**自身に「ものづくり」や「プログラマー」などのスキルがないまま社長になってしまった**のです。

ビジネスパーソンの根本的な価値

最初は戸惑いもありましたが、いざ社会に出て、社長になり、気づきました。

ビジネスパーソンの根本的な価値は、**持っている「スキル」ではなく、出した「成果」にある**ということです。

仕事で評価されるのは、次の2点でした。

- **どのような成果を出したか**
- **どれくらいの成果を出したか**

どれだけ「ものづくり」のスキルが高くても、実際に作ったものが会社に売上をもたらさなければその人は評価されず、たとえ「ものづくり」のスキルが低くても、なんとかして周りの助けを借りてリリースにこぎつけ、作ったものが大ヒットとなればその人は評価される。仕事とはそういうものなのです。

また、組織で働く上で**重要なのはチームワーク**です。自分にスキルがなければ、ある人に任せる。その代わり、違うところでチームに貢献する。これも大切なことです。

私の場合、ものづくりのスキルがありませんでしたので、得意な人に全面的に任せました。プログラミングも、営業も、スキルの高い人に任せると、すぐに成果が出ました。

自分が旗振り役になって、「この仕事はこの人」と、仕事を得意な人に任せることで**チームの成果を上げていく。それこそがリーダーシップであり、社長の仕事だったの**です。

そう、**大切なのは成果を上げること**。

スキルが成果につながれば、そのスキルには大いに意味があります。しかし、そうでなければ、いっそスキルなどなくてもいい――。

このことを知ってから、以前のような「自分にはこれといったスキルがない」という不安はなくなりました。

と同時に、私の仕事の仕方も大きく変わったのです。

小さな「成果」でも、出すことに価値がある

以来、私は経営者として「成果」を出すことだけを考え続けて、今があります。**「スキル」や「専門知識」ではなく、「成果」だけを意識する。**これが結局、ビジネスパーソンとして最も価値の高い行動なのです。

入社して間もなく、何の成果も出せていない時期は、自信のよりどころがなく、不安なものです。「スキルさえあれば」と、資格を取ってみたくなったり、専門知識を身につけたくなったりする気持ちもわかります。

ただそれは、**成果を出すための「最短コース」ではない。**

成果を出すための「最短コース」は、**とにかく「成果」を出すことだけを考えて行動すること。**これ以外にありません。

成果を出せる人は社内で重宝がられ、たくさんのチャンスが舞い込みます。結果、

活躍します。それだけでなく、転職の際にも有利に働きます。

どんなに小さな成果でもいい。とにかく「成果」にフォーカスしましょう。

一つでも「成果」を出した瞬間、周りからの評価がガラッと変わり始めます。それはビジネスパーソンとして貴重な価値を生み出し始めた証なのです。

仕事で使える唯一にして最強のスキル

私はスキルなどいらないという考えの持ち主ですが、仕事で使える唯一のスキルをあえてあげるとすれば、

- **求められることに対してラーニングし、変化し続けるスキル**

だと考えます。


変化の時代において、専門的なスキルはやがて古びていく可能性があります。

ではスキルを身につけることはまったくの無意味かといえば、そうではありません。

成果につながらないものであれば優先順位は下がりますが、それでも**スキルを身につ**

ける「過程」には意味があります。

新しいことを学び、変化し続ける。つまり、スキルを身につけるプロセスこそがスキルだと私は考えます。このスキルは資格試験の勉強をしないと得られないものではありません。普段の仕事の中で身につけられるものです。

「学ぶことで変化し続けるスキル」は、あらゆる場面で自分を助けてくれます。万能でなくていい、弱みは人に任せて強みだけ磨こう。そして常に学び続けることで変化していけばいい。こんなふうに考えて行動すれば、**どんな組織に行っても、自分らしく、仕事で成果を出せる**と私は考えます。

実際、1社の子会社社長からスタートした私は、2社の子会社社長、3社の子会社社長と任される会社が増え、現在は親会社の役員も兼任しています。化粧品にマッチングアプリと、まったく業種の違う会社を担当していますが、業種が変わっても経営はおこなえます。

なぜなら、リーダーシップという「強み」を中心に持ちながらも、新しい会社に移るたびにその業界のことを学び、変化に対応し続けているからです。

社長に限らず、すべてのビジネスパーソンも同じです。

営業職や技術職の人であれば、扱う商品やサービス、使うツールが変わったとしても、これまでやってきた仕事で得た経験を活かしながら成果を上げようと努力されているはずです。

未来は誰にもわかりません。テクノロジーはとてつもないスピードで日々進化しています。不確実性の時代において「学ぶことで変化し続けるスキル」しか通用しないといっても過言ではないでしょう。

「夢」もなくていい

若手社員はとかく、上司や先輩たちから「夢は何?」「将来どんなことをやりたい?」と聞かれるものです。

そこでうまく答えられないと、相手から「最近の若い人は夢がない」「おもしろい答えが返ってこない」なんて言われるかもしれません。しかし、**一切気にすることはありません。**

仕事の全体像もつかめていない段階で「夢」や「将来」を問われても、イメージできないのは当然のことです。

はじめのうちは「言われたことをちゃんとやる」「目の前の仕事で成果を出す」でよいのです。そのうちに夢や目標は自然に出てくるものです。

スキルと同様、夢についても、「ないと不安」と思いがちなので注意が必要です。

学生時代から「社長になりたい」という明確な目標を持っていた私でしたが、「社会をこう変えたい」「こんな事業を立ち上げたい」といったような夢を持ってはいませんでした。

インターンシップで出会った仲間たちとアプリを開発することになり、それが事業化され、私は社長を務めることになりました。しかしこれも、いわば偶発的に生まれたビジネスを任されたにすぎません。もともと「このようなアプリをリリースして世の中を変えたい」と思って事業を立ち上げたわけではなかったのです。

一企業の社長なのに、私には「社会をこう変えたい」「こんな事業を立ち上げたい」といった夢がない。本当にこれでいいのだろうか。私はしばらくの間、「自分は周りの社長と比べて、どこか劣っているのではないか」と考えながら、社長業を続けていました。

しかしあるとき、「夢なんて、なければないでいいじゃないか」と吹っ切れました。

幸いなことに、夢はなくとも、仕事は次から次へとひっきりなしにやってきます。

詳しくは後でお話ししますが、「振られた仕事は断らない」私ですから、とにかく仕事が途切れません。

それらすべてに全力で取り組み、成果を出し続けていれば、それでいい。求められたことに、求められた以上に応えていこう。

夢はなくても成果は出せる。

そう考え、「成果を出すこと」に集中することにしたのです。

そうやって奮闘していくなかで、**「この事業でこういう社会を目指せたらいいな」と、**

自然とビジョンのようなものが見えてきたのです。

社会に出たばかりの人たちの多くは、「将来やりたいこと」を考える余裕なんてなく、「自分にできること」を増やそうとするだけでいっぱいいっぱいのはずです。「入社できた。まずは目の前の仕事をがんばりたい」「認めてもらえるように、まずは結果を出したい」と考えるのは実に自然なことですし、決して間違っていません。

「認めてもらえるように、まずは目の前の仕事で成果を出す」のが、若手社員としての正解なのです。

会社には「言語化されていないルール」が存在する

組織にある「2つのルール」を把握する

若手のビジネスパーソンが仕事でつまずきやすいのは、**会社における「言語化されていないルール」の存在**です。とにかく謎でわかりにくい。ここを攻略しなければまったく仕事が進まないケースもあり、実にやっかいです。

言語化されているルールには、「就業規則」や「服務規程」があります。

「始業は○時、終業は○時です」

「社内の情報を漏洩させてはいけません」

「無断欠勤にはこのようなペナルティがあります」

「法律に触れる罪を犯した場合、会社としてはこのような処置をとります」

といったようなものです。これらは明文化されていますから、「何をすべきか」「何をしてはいけないか」がわかりやすいでしょう。

新人研修で読み合わせなどをおこなう会社もありますが、「これ読んでおいて」と渡されて終わりの会社も……。今一度「会社のルールブック」である「就業規則」や「服務規程」には目を通しておきましょう。


家電の取扱説明書をしっかり読んでみたら、それまで気づかなかった便利な機能があった。こんな経験はありませんか？

「就業規則」も同様で、目を通してみると発見があるはずです。例えば、遠距離の出張の翌日は半休が取れるとか、セミナーの参加に補助が出るといったように、知っておくとお得なこともあるかもしれません。**ルールをハックするのは、ゲームと同様、会社でも大事なこと**です。

最近では公平性やＬＧＢＴＱへの配慮などから、性別によって服装を指定しない会社も増えています。また、環境に配慮し、通年クールビズＯＫという会社も。ルールブックを読んで不明な点があれば、上司や人事・総務に質問しましょう。

ややこしいのは、「就業規則」や「服務規程」とは別に、**それぞれの会社に存在する「言語化されていないルール」**です。

「言語化されていないルール」には、周りの上司や先輩を見て気づくものもあれば、誰かから「こうするように」と言い聞かされるものもあります。

例えば

- 「スーツ着用」とどこかに明文化されているわけではないけれど、上司や先輩はみんな毎日、スーツで出社している
- パソコンや資料は机の上に出しっぱなしにせず、すべて引き出しの中にしまってから帰る
- 営業で訪問した相手には、翌日すぐにお礼の手紙を送る

――いずれも、「言語化されていないルール」の例です。

基本的には「ルールに従う」から始める

あたりまえのようにその職場にある「言語化されていないルール」。

こちらはルールブックがないため、やや面倒です。

しかし、難しく考えることはありません。言語化されているルールにしろ、言語化されていないルールにしろ、すでにルールがあるのなら、まずは従ってみる。これが私の考え方です。

なぜなら、**ルールに従うほうが得だから**です。

先に書いたとおり、ルールにはそれなりの理由があります。であれば、**ルールに従ったほうが仕事の成果は出やすい**といえます。

とはいえ、中には、時代にそぐわないものや非合理的と思えるものもあるかもしれません。

そういったものに対しては、先ほど書いたとおり、上司や人事・総務に聞いてみればいいのです。「おかしくないですか？」というトーンではなく、なぜこのルールがあるのか、どういう背景でこのルールが誕生したのかなど、あくまで**「理解をしたいから質問しています」というスタンスで聞いてみる**のです。すると、意外な理由が見えてくることも……。

「実はもう古いから変えようと思っていたところだから、若い人の意見を聞かせてほしい」と逆に質問されることもあるかもしれません。


一番無駄で成果につながらないのは、わざわざルールを破ったり、ルールに抗ったりすることです。自分らしさをアピールする場所はそこではありません。

ルールを破ったことで上司から叱られたり、始末書を書かされたり、再研修を受けさせられたりしたら、それこそ時間の無駄です。上司や先輩からの評価を落としたりするくらいなら、まずは今あるルールを理解した上で、ルールを守って成果を出すほうが、はるかに効率がよいと思うのです。

謎ルールにも、何らかの「理」がある

言語化されていないルールにも、大なり小なり「理」があります。

わざわざ働きづらくしたり、成果を出しづらくしたりするようなルールは、そうそうありません。

「スーツ着用」と明文化されていないのにみんながスーツを着ているのは、急に誰かと面会する用件ができたときでも、相手に対して失礼のないようにするためです。自社の都合というよりも相手のため。**「他者想」から生まれたもの**です。

帰宅する前にパソコンや資料をデスクの中にしまうのは、外部への情報漏洩のリスクを少しでも減らすためです。

営業で訪問した相手に、すぐにお礼の手紙を送るのは、相手に覚えてもらい、商談の成約につなげやすくするためです。

いずれも、**成果につながるルール**です。

ルールに従うことは別に、「負け」ではありません。むしろ成果を出しやすくする最

善の選択です。であれば従ったほうが圧倒的に得です。

ルールを変えたいなら、何をすべきか

意欲のある若手ほど、既存のルールに対して文句を言ったり、ルールを変えようとしたりします。

ただ、残念なことに、その労力は無駄に終わることが多いのも事実です。

「このルールに従ったおかげで、ここまでの成果を出せたんだ」と主張されたとき、実績のない若手は、「いや、こちらのルールのほうがいい」と反論する材料を持っていないからです。

それでもルールを変えたい。であれば、やり方が一つあります。

早く成果を出して、周りに認められ、「ルールを変えられるポジション」まで上り詰めることです。1日も早く「ルールを作る側」になるのです。

早く成果を出して、周りに認められ、「ルールを変えられるポジション」まで上り詰めるためには、現状のルールを快く思っていようがいまいが、そのルールを「攻略」して成果につなげてしまったほうがいい。これが私の考え方です。

どんなに優れたポテンシャルを持つスポーツ選手でも、ルールを守らない人は金メダルを取れません。サッカーの試合で相手選手を突き飛ばしてからシュートしてゴールしても点数は入りません。それどころか、ルール違反で一発退場、居場所を追われるだけでしょう。

しかし、**金メダリストやチャンピオンが「後進のために」とルール変更を提言すれば、組織は動く可能性が大いにあります。**

成果を出すためのショートカット

一方、早い段階でルールを攻略するとどうなるでしょうか。

言うまでもなく、より大きな仕事やポジション、チャンスが与えられ、仕事はどんどん楽しくなっていくはずです。

「訪問翌日の手紙ルール」を実践している営業部の新人Aさんは、スピードと数、そして効率重視でルールを攻略したそうです。

事前にお礼の手紙のテンプレートを作り、会社でプリントアウトして、クリアファイルに入れて携帯、営業に向かいます。

そして、面会後すぐ、訪問先近くのカフェに立ち寄り、お会いした感想や次回までの「宿題」などを手書きで一言添えて近くのポストに投函するのです。手紙の文面はスマホで撮影し、そこに記した「宿題」はＴｏＤｏリストに画像ファイルとして貼り付けておきます。

作業時間は3分とかかりません。

会社に戻ってから次の訪問までにやることをいちいち確認する必要もないため、一石二鳥だそうです。Aさんはこうして、営業成績を上げ、最近では社内の若手中心の部署横断プロジェクトメンバーにも選ばれました。

あなたもAさんのように、ルールを攻略し、自分なりに成果を上げる方法を考えてみてください。堅苦しいものだと思っていたルールが、成果へのショートカットになる超便利なツールに変身するかもしれません。

評価は常に「他人」がするもの

人はつい自分で自分を評価してしまう

成果を出すのは「自分」だけれど、それを評価するのは「他人」。
仕事における、この基本ルールをまず知っておく必要があります。

社会に出たら常に「他人」が評価者になります。言い換えると、自分では「やった」と思っていても、他人から「やってない」と見られたら、評価は低くなるのです。一方、自己評価は低くても、他人からは「価値の高い仕事をしている」と評価されていることもあります。

誰しもがつい、自分で自分を評価しがちです。

「こんなにがんばったのだから」

「残業したんだから（長い時間働いたんだから）」

「嫌なことにも取り組んだのだから」

「だから、（自分のことを）もっと評価してほしい」

こんなふうに「評価が足りない」と思ってしまうことも多いでしょう。

あるいは、

「この仕事はラクだ」

「定時で帰れて余裕」

「おもしろくない」

「だから、（自分への）評価は低いはず」

というように、評価を低く見積もることもあります。

ただ、その自己評価は本当に正しいのでしょうか。

どんなときも、自分の仕事を「他人目線」で評価することが重要です。

「がんばった仕事」で成果が出れば、評価されるでしょう。

一方、「がんばっていない仕事」でも、成果が出れば評価されます。

「残業した仕事」でも、成果が出なければ、評価は下がります。

同様に「定時に帰った仕事」で成果が出なければ、やはり評価は下がります。

どんなシチュエーションであっても、**重視されるのは「結果」**なのです。

上司や会社からの評価にズレを感じたとき

お話ししたように、**社会では常に「他人」が評価者**です。

自分では「やった」と思っていても、他人から「やってない」と見られたら、評価は低くなってしまうのです。

そして**仕事の経験を積めば積むほど、「自己評価」と「他者評価」のズレに苦しむ場面が増えてきます。**

「こんなにがんばっているのに、会社や上司は評価してくれない」という不満は、新入社員より入社2～3年目の社員に多く見られます。

「自己評価」と「他者評価」のズレが起こりやすいのは、次の2パターンです。

パターン1

「がんばってやりました！」とアピールしていることが、自分にとっては重要だけれど、会社（他者）にとっては**「がんばったかどうか」は重要でない**とき

パターン2

事実、会社（他者）にとって重要なことをがんばっているのに、会社（他者）にその**努力を知ってもらう行動をとっていない**とき

どちらも、本人として「がんばっている」のは事実です。でも会社としては評価できない。まさに**「がんばっているのに、会社や上司は評価してくれない」**です。

1を防ぐには、会社が目指す方向性や、会社が自分に期待していることを知らなけ

ればなりません。上司に「自分にはどのような働きを期待してくれていますか？」「自分ではがんばっているつもりだけれど、ズレていることはありませんか？」と確認してみましょう。

2を防ぐには、自分ががんばっていることを、他者に正しく知ってもらう必要があります。朝礼でのスピーチや日報・週報、1on1ミーティングなどで、自分が取り組んでいることを発信してみましょう。単なる「がんばってるアピール」ではなく、取り組んで得たもの、具体的な成果や数字を発信すると効果的です。

「数字」と「評価」は必ずしも一致しない

「ならば、誰にも文句を言わせない数字を上げればすべて解決なのか」といえば、必ずしもそうではありません。それが**仕事というゲームを攻略する際に、誰もが間違える「トラップ」**です。

考え方はむしろ逆です。

常に評価者が「他人」であるということは、

「数字を上げても、評価されない人がいる」

「数字を上げていなくても、評価される人がいる」

ということ。


いずれも、他人という「人間」が評価することで生じる現象です。

このカラクリを理解していることが重要です。


会社では、「数字」と「評価」は必ずしも一致しません。

がんばりじゃなくて成果で評価されると書いておいて、数字を上げても評価されないとは矛盾するのではないかと思った人もいるでしょう。


ここで私が言う成果とは、**「定性的」な成果**のことです。数字ではありません。もちろん売上数字も定量的な成果であることには違いないのですが、それだけでは評価されないケースも多々ある、ということ。まさに「トラップ」なのです。

「数字」と「評価」は必ずしも一致しない。

はじめてこの事実に気づいたのは、内定者としてサイバーエージェントを訪れたときのことでした。

ある部署の先輩が、「この人、すごく活躍しているんだよ」と、一人の社員を紹介してくれました。

しかし私は、目の前にいる、「すごく活躍している」と紹介されている人と、紹介されずに黙々と働いている人との間に、大きな差があるようには思えませんでした。

もちろん、はじめて会社を訪れる内定者には見えないところで、大きな差があったのかもしれません。ただ当時の私にとって、「同じように働いている多くの人から、特定の一人がピックアップされる」という場面を目の当たりにしたのは大きな衝撃でした。

その後私は、同じように働いている多くの人から、なぜ「彼」がピックアップされたのか、考えてみました。

まず大前提として、私に紹介してくれた人が「彼」の存在を知らなければ、「すごく活躍している」と評価することも、私に紹介することもなかったでしょう。

「存在を知られている」というシンプルすぎる事実が会社ではとても重要なのだと感じました。

言い換えると、どんなに優秀でも「存在を知られていない」だけで評価されないことも、起こりうると思ったからです。

多くの人と良好な関係を築こう。そしてサイバーエージェントで働くからには、社長の藤田晋さんに、**できる限り早く自分のことを知ってもらおうと決意**しました。

内定者アルバイトをしていた頃のことです。

「自分IR」にも力を入れる

「存在を知られている」というシンプルすぎる事実が評価を左右することを知り、私は**「他人の評価って、株みたいなものかもしれない」**と思い至りました。

上場企業の規模は、**「時価総額」**で計られます。

時価総額は「株価×発行済株式数」で計算されます。ここに「業績」という数字が入っていないのが注目ポイントです。

業績が同じくらいでも、時価総額に大きな違いがあるケースはかなりあります。

「業績が同じくらい」ならば、どこで差がつくのか。「自社をどうやって知ってもらい、自社の魅力をどう伝え、自社の可能性をどう信じてもらうか」というIR（Investor Relations：インベスター・リレーションズ。企業が株主や投資家に経営状態や財務状況、実績、今後の展望などを示す広報活動のこと）が大部分を占めるのです。

企業の評価を決めるのは、企業自身ではなく、株主や投資家です。そしてその**評価によって株価は変わり、時価総額は変わり、認知される「規模」が変わる。**

きっとビジネスパーソンも同じなのだろう。私はそう考えました。

同じくらいの成果を出していたとしても、「将来性」や「コミュニケーションの気持ちよさ」、そして何より「その人のことを知っているか」で、ピックアップされる人間になるか、その他大勢に埋もれてしまうかに、分かれてしまうのです。

ドラマでも、漫画でも、小説でも、「自分のことを知ってもらおう」「自分のいいところをアピールしよう」と上司や先輩に積極的に話しかける人物は、例外なく「嫌なヤツ」として描かれます。

もちろん**「本業」あっての「IR」**ですから、四六時中、ただただ上司や先輩におもねるだけでは本末転倒。評価はされません。やはり数字は大事です。

その上で、評価は「他人」がするもの。そして、その「他人」の評価を高める最速の方法が、**「自分の存在を知ってもらい、かつ求められた成果を出すこと」**。

詳しくは次項に譲りますが、**成果は「数字」とは限りません。**周りの人に求められている行動をとることが、そのまま「評価」につながるのだと覚えておいてください。

答えを聞くことは「ずる」ではない

「最短ルート」で成果を出す

社会に出たら、常に「他人」が評価者になると書きました。

「自己評価」と「他人基準の評価」にズレがあるのは怖いことのように思えますし、どう対策すればいいかわからないという人もいるでしょう。

しかし、冷静に考えれば、いたってシンプルなことです。

評価者に直接、「自分はがんばっているつもりだけれど、ズレていることはないか？」「自分に対して何を期待しているか？」と聞いてしまえばいいのです。

仕事は、学校のテストではありません。

期末試験で出題者に答えを聞くのは反則ですが、仕事で評価者に「どう動けば評価されるのか」を聞くのは反則ではないのです。

上司にとってみれば、部下が「どう動けば自分が評価されるのかを自力で考え続け、ひたすらズレた行動をとり続ける」のと、「どう動けば自分が評価されるのかを率直に質問してきて、聞き入れてくれて、動いてほしいように動いてくれる」のとでは、後者のほうが圧倒的にうれしいはずです。部下のズレた行動を修正する労力も、指導する時間も省けるからです。

「自分がやるべきこと」は、評価者に直接聞きましょう。

上司にも部下にも、得なことしかないのです。


就活生の頃、サイバーエージェントでインターンシップをしたときの話です。

数人でグループワークをして、最後に代表者が発表をする。これが就活生に課せられたミッションでした。その光景を審査員が俯瞰して見ていて、最終的には一人ひとりに点数をつけます。

各グループにはメンターとして、サイバーエージェントの社員がついていました。グループワークを進める際にわからないことが出てきたら、みんな、メンターに相談します。そのための「メンター」なのですから、メンターに相談するのは自然なことです。

ただ一人、違う行動をとったのが私でした。

私はメンターだけでなく、**審査員にも相談しにいった**のです。それもグループワークの開始から終了までずっと。私はひっきりなしに、メンターと審査員の両方に相談し続けたのです。

「グループワークを評価するのは審査員の方です。だからメンターだけでなく、審査員の意見も聞きながらグループワークを進めたいのですが、よろしいでしょうか？」

メンターにこう相談したら、メンターも「それはすごい作戦だ！」とほめてくださいました。私は安心して審査員に相談しにいくことができました。

結果、グループワークはうまくいき、審査員から最も高い点数をいただきました。

審査員が求める行動をとり続けたのですから、当然といえば当然です。

「なんだよ、ずるい」。そう感じる人もいるかもしれません。

ただ、本当に「ずる」だったら、私はメンターから「審査員に相談しにいくのは、さすがにまずいだろう」と、たしなめられていたでしょう。

しかしメンターは私の作戦を「すごい！」と言ってくれ、審査員も終始、私に的確なアドバイスをくれ続けました。それだけでなく、参加者の中で最も高い点数をくれたのですから、私の行動は「正解」だったといえます。

実際にサイバーエージェントに入社してからも、私は上司や役員に**「自分はがんばっているつもりだけれど、ズレていることはないか？」「自分に対して何を期待しているか？」**を直接聞いてフィードバックをもらい、ズレている部分を修正し続けて、現在に至ります。

誰が評価するのか。

何が評価されるのか。

この2つがわかれば、**的外れな努力をすることがなくなります。**徒労感なく、最小の努力で成果を出すことができるようになるのです。

なんなら、ライバルにも聞いてしまう

この本で、「あたりまえ」を「あたりまえ以上」にやることで、頭ひとつ抜きん出ると書きました。でも、目標とするライバルがどれだけの「数」を出しているのかわからない。こういうときも、**直接聞いてしまいましょう。**

営業の人であれば、社内や社外のトップ営業パーソンに聞きにいきます。

「あなたのことをすごいと思っています。目標にしたいので、週に何件、新規のお客様に会っているのか教えてください」

こんなふうに率直に聞けば、相手も嫌な気はしないでしょう。快く教えてくれるは

ずです。

その上で、**その人の「数」を上回る努力を重ねればいい**のです。

ずるいと思うかもしれませんが、新入社員であればゼロからのスタートです。それくらいのハンデはもらってもいいでしょう。

すぐに超えられなくても大丈夫です。**すごい人をベンチマークにして行動することは、最短で最大の成果を上げる近道**であることは確かですから。

闇雲に努力をしないため、無駄な努力をしないためにも、数を把握しておくことにはとても大きな意味があります。

目指すは**ライバルの「ひとつ上」**。そのために「あたりまえ」を「あたりまえ以上」にやる。単純な努力の積み重ねが、成果を生み、いずれ大きな差となります。

振られた仕事は断らない

若手のうちは「自分のペース」で仕事をしない

あらためて、成果を出すために何をすればいいのでしょうか。

成果を考えたときに軽視されがちなのが、「目の前の仕事」や「振られた仕事」です。

手っ取り早く、上司や周囲の人たちから確実に評価されるのは、**「目の前の仕事」や「振られた仕事」をしっかりこなす**ことです。

設問に対して解答するのが試験であり、言われたことをしっかりこなすのが仕事。

その積み重ねこそが、成果を出すための最短ルートなのだといえます。

仕事は「筋トレ」に似ています。

最初は腕立て伏せ10回、腹筋10回だけでもつらいものです。でも「つらい、つらい」と思いながらもなんとか続けているうちに、いつの間にか筋力がつき、腕立て伏せ10回、腹筋10回くらいは造作もなくできるようになってきます。

しかし、「造作もなくできるようになったから」と、いつまで経っても腕立て伏せ10回、腹筋10回のメニューを続けていては、それ以上の成長はありません。理想の体により近づけるには、筋トレの**負荷を徐々に上げていく必要があります**。

仕事も同じです。「慣れてきて、なんかラクになってきたな」と感じるようになったら危険信号。快適な範囲内で仕事をするようになったら、そこで成長は止まってしまうのです。

自分に適度な負荷をかけ続けながら、仕事で成長し続ける方法があります。

「振られた仕事を断らない」ことです。

とにかく、きたものは何でも引き受けてしまう。「これくらいの量が限界だな」と感じる量以上に仕事を引き受ける。「これくらいの難易度が限界だな」と感じる難易度以上の仕事も引き受けるのです。

「仕事を引き受けすぎてパンクしてしまったら、後でもっと怒られるのではないか」「難易度の高い仕事を引き受けて行き詰まってしまったら、後でもっと怒られるのではないか」。そう考える人もいるかもしれません。

心配はわかります。でも大丈夫です。失敗したら会社が傾いてしまうような大きな仕事は、そもそも若手には振られませんし、先ほどの「答えを聞いてもいい」というルールと同様、**上司や先輩、同僚に助けてもらいながら進めても何ら問題ありません。**

それで失敗したら、素直に謝ってしまえばいい。私はこう考えて、日々、振られる仕事をすべて引き受けていました。

開き直って仕事をしてみると、「意外と失敗しないものだな」と気づくようになりました。そして自分ができる仕事量の限界も、難易度の限界も、自分が考えているよりもずっと遠くにあるのだと知りました。

「できるかどうか」なんて考えなくて大丈夫

上司が部下に仕事を振る。そこには必ず「意図」があります。

よっぽど変な上司でない限りは、部下の今後にとって何かしらのプラスになると考えて仕事を振ります。

「この仕事が自分にできるか、できないか」は、仕事を振られた自分が考えるより前に、仕事を振った上司のほうが考えてくれています。その上で「できる」と判断したからこそ、部下に仕事を振ったのです。

絶対に解けないような難問を押しつけるはずがないのです。明らかにそういう類の仕事を押しつけてきたとしたら、その上司はマネジメント能力のない人です。

だから、余計なことを考える必要はありません。**とにかく振られた仕事を引き受けるのみ**です。

「ただでさえ仕事の量が多くてパンクしそうなのに、上司はさらに仕事を振ってきた。

ひょっとして自分のことが嫌いなのかな。つぶそうとしているのかな……」

いえいえ。そんなことはありません。

それはおそらく、「今までの仕事のやり方を変えて、もっとスピードアップを図らないと、この先仕事についていけなくなるよ」というアドバイスです。

あるいは、「もっと他人の力を借りていいんだよ」というアドバイスかもしれません。

先ほどもお伝えしたとおり、仕事は「持ち込み可のテスト」みたいなものですから、使えるものは何でも使えばいい。多くの仕事を時間内に終わらせるためのアイデアはないか、探すチャンスをくれたのだと考えましょう。

一人で答えを出そうとがんばる必要はありません。

仕事の負荷が上がったときは、すべてを抱え込まないのがコツです。

「このように仕事を進めると、業務がパンクしそうなのですが、優先すべき案件やもっとスムーズに進めるやり方があれば教えてください」

こんなふうに上司に相談し、一緒に仕事を進める方法を考えるのもありです。

また、先輩や同僚、似たような仕事をしたことのあるスタッフの方など、**誰の助けを借りれば仕事が前に進むか**を、検討してみてください。「こういう疑問があるのですが、誰に聞けばいいですか？」と上司に相談するのも手です。

「他者想」を発動。上司の立場で考えてみる

あなたが上司だとします。隣の席には、あなたが期待をかけている頼もしい部下のＡさんがいます。

今、部下が成長するのにちょうどいい負荷の仕事が生まれました。あなたは「これを乗り越えてくれたら、Ａさんはもっと成長するぞ」とわくわくしながら、仕事を振ります。

その仕事を、部下のＡさんが「絶対に無理です。自分にはできません！」と断ったら、どう思うでしょう。

正直、がっかりしないでしょうか。「残念だな。Aさんならできると思ったのに。もう期待するのはやめよう。仕事を任せるのも難しいのかな……」と思わないでしょうか。

逆のパターンも考えてみます。

上司のあなたが、部下Aさんの成長を思って振った仕事を、Aさんが「わかりました。やってみます！」と即答したら、どう思うでしょう。

その後もAさんを気にかけ、「私が振った仕事で困っていたら、しっかりサポートしよう」と思うでしょう。

振られた仕事を断らない部下は、応援されやすくなります。

成長のチャンスが得られる上に、困ったときには上司の手厚いサポートまでついてくる。これが振られた仕事を引き受ける最大のメリットです。

さらには振られた仕事をこなしていくうちに、**成長や成果だけでなく、上司や周囲**

の人からの絶大なる信頼も手にすることができます。

仕事を振られる。若手社員にとってこんなにお得なイベントは、そうそうありません。迷わず、仕事を振られたら即座に引き受けてしまいましょう。

最悪なのは、「断ったけれど、結局自分がやるハメになった」という展開です。

これは意外と多いパターンなので注意が必要です。

上司からは「やる気のない人」「嫌々仕事をしている人」という目で見られ、助けを借りにくい空気のまま、あなたはその仕事をしなければならないかもしれません。

どうせ自分がやるしかないのであれば、前向きに「やります！」と言っておいたほうが、後がラクになる。いずれにしても、仕事を振られたら即座に引き受けるほうが得策というわけです。

仕事は断らずに「交渉」する

とはいえ、「本当にそれって意味がありますか？」と言いたくなるような仕事を振られることもあるでしょう。

その場合は、**断るのではなく交渉する**のです。

例えば、上司から「この資料をパワポで作っておいて」と依頼されたとします。わざわざパワポできれいな資料を作る意味がどうしても見いだせない。無駄な仕事は正直やりたくない。そのようなとき、私だったらこう交渉します。


「パワーポイントで整った資料を作るとなると今週末までかかってしまいそうです。もしもテキストでよいのであれば明日中に送れるのですが、そちらのほうがよろしいでしょうか？」


9割以上の上司は、たとえざっくりの資料であっても、早く手元に届くほうを好みます。そのため「じゃあ、テキストでよろしく」となることがほとんどです。

かくして「パワポできれいな資料を作る」という無駄な作業に時間と労力を注ぐことなく、さらに上司からは「確かに1秒でも早く資料を読めたほうがいいよな。こいつ、わかってるな」とプラス評価されるという、**想定外のお得な結果**を得ることもあります。

重要なのは、「ははん、飯塚はパワポでの資料作りを面倒くさいと考えていて、なんとかラクして仕事をすませようと、テキストでの資料作りを提案しているんだな」と上司に思わせないことです（たとえ、ラクしたいだけであっても）。

上司にとってのゴールを理解した上で、上司が目指すゴールにもっと早く、もっと確実にたどり着ける方法があるので、それをさりげなく提案する。

そのため、「パワポだと1週間近くかかってしまうが、テキストならば明日中に送れる」という明確なメリットを示し、「これは上司のための提案である」という前向きさをアピールするのです。

無駄なことは排除し、最短で成果を出すことを優先する。この姿勢を貫きつつ、振られた仕事を早く確実にこなしていくほうが、結果として上司もあなたもハッピーです。

何事も「相手にとってのメリット」を強調する

交渉のコツについて、もう少しお話しします。

思えば私は昔から、自分にとって得のある話を、「自分にとって得だからこうしたい」とは言わないよう、常に心がけています。

人はみな「自分ベース」で考えて動くので、**無意識のうちに「自分がこうしたいから」という視点で話をしてしまいがち**です。

だからこそ、**普段から「相手にとってのメリット」を意識して言葉にする**ようにしています。このあたりも「ずるい」と言われる要因なのかもしれません。

とりわけ「職場」という環境で、必ずしも全員と気心が知れているわけではない仲間たちとともに仕事に当たりつつ、人間関係を円滑に保つには、これはとても大切なことです。提案者にしか得のない提案にわざわざ乗ってくれる人など、そうそういないからです。

「自分にもメリットがある」

そう考えるからこそ、人は提案に乗り、動きます。

決して、「相手をそそのかし、だます」わけではなく、現実に相手にもメリットのある行動をとろうと提案するのですから、提案するときには「相手にとってのメリット」を最大限に強調しましょう。

相手にとってのメリットって何だろうと考える。これこそが、この本で何度もお伝えしている**「他者想（他者への想像力）」**です。

このような交渉のコツを使って、「成果の出る仕事」に最大限の時間と労力を注ぎましょう。

物事は「できる」という前提で考える

そもそも「できない仕事」は振られない

前の項で、「『この仕事が自分にできるか、できないか』は、仕事を振られた自分が考えるより前に、仕事を振った上司のほうが考えてくれている」と述べました。

つまり**「できない仕事は振られない」**ということです。

それゆえ**物事はすべて「できる」という前提で考えましょう。**

「できない」と、思考停止で仕事を返上する選択肢はありません。

「できる」と腹を括り、**実現のための手段を探す**のです。

サイバーエージェントに就職してから、私はさまざまな仕事を振られてきました。中には、無理難題のように感じるものもありました。

でも「飯塚ならできる、と思って仕事を振ってくれているのだから、きっとできるのだろう」と自分に期待し、「自分にはできる」と覚悟を決めて、試行錯誤を重ねながら問題を解決していきました。

「やるしかない」と腹を括るには、コツがあります。

「こんなに難しい仕事、自分以外の誰にも任せられないから、自分のところに回ってきたのだ」と思い込むことです。そこまで自分を高める自信はないという人もいると思いますが、そういうニュアンスではありません。

任せられる人間が自分しかいないのだから、自分がやるしかない。そしてたとえ失敗しても、自分が無理だったらほかの誰がやっても無理だろうから仕方がない。ある種の開き直りです。そう考えると、「失うものは何もない」と気づきます。

「できる」と思い込むことの大切さ

どんなに小さな実績でも、積めば自信につながります。

根拠のない自信は脆いものですが、**「実績」という確かな根拠に基づいた自信は強い。**簡単には崩れません。

私は2つの会社の社長を務めていることもあり、大きなパーティーや結婚式など、数百人、ときには数千人を前にスピーチをすることが多くあります。

そのような場面でも今は緊張しません。社員からは「なんで緊張せずに、あんなに堂々と話せるんですか？」と驚かれます。

「なぜ緊張しないのか」という質問に正確に答えるのは難しいのですが、大勢の人前で話すにあたり、心がけていることは一つあります。

「自分は緊張しない」と思い込むことです。

人間は自己暗示にかかりやすい生き物です。

「自分は人見知りだ」と思い込んでいる人はいつまで経っても本当に人見知りのままですし、「自分は明るい」と思い込んでいる人は、ちょっとくらいネガティブな感情を抱えていても、人前ではニコニコと明るく過ごせます。

どうせかかるなら、自分にとってプラスに作用する自己暗示がいい。積極的に、「自分はできる」と思い続けましょう。

私は最初、**「人前で上手に話せた経験」を、とにかくたくさん思い出す**ようにしました。

学生時代も、就職活動中も、社会に出て間もない頃も、振り返れば「人前で上手に話せた経験」と「人前で上手に話せなかった経験」の両方が思い出されます。

そのうち、「人前で上手に話せた経験」だけを、都合よく、たくさん思い出すようにしたのです。

ただ単に「自分はできる」と思い込むだけでは、なんだか心許ないもの。でも、**「できた経験」を思い出しながら「自分はできる」と思い込むと、だんだん自信が湧いてきます。**よりどころとして、「確かな実績」があるからです。

どんなに小さな実績でも構いません。確かな経験をよりどころに、自分にポジティブな自己暗示をかけましょう。不思議なことに、本当にできるようになります。

求められるのは「正確性」より「スピード」

「完璧に1週間後」より「ざっくり明日」

囲碁や将棋の世界に、「下手の考え休むに似たり」という格言があります。

力足らずな者がどれだけ長く考えたところで、名案など浮かぶはずもなく、考えている時間がまるで何も考えずに休んでいるように無駄なものだという意味です。

仕事の世界でも、経験の浅い若手社員は、上司に比べればまだまだ「下手」なほう。振られた仕事を完璧に仕上げて提出しようと時間をかけたところで、上司の求める域にはまだまだ達していないことがほとんどです。

ならば振られた仕事を翌日、ざっくりとでも仕上げて提出し、上司のフィードバックをもらいながら完成に向けて仕上げていったほうがいい、私はそう考えます。

若手が仕事で求められるのは「正確性」より「スピード」です。

「振られた仕事は断らない」の項で、私は「失敗したら会社が傾いてしまうような大きな仕事は、そもそも若手には振られない」『「この仕事が自分にできるか、できないか』は、仕事を振った上司のほうが考えてくれている」とお伝えしました。

仕事を振られる前の段階で、現状の自分の実力は上司に見抜かれています。有り体に言ってしまえば、経験の浅い若手にはじめから「完璧」を求めないのです。

少々粗くても「すぐ出す」「フィードバックをもらう」「すぐ修正して出す」のサイクルを回す。それが結果的に、上司から求められている成果を最短で出すことにつながります。

フィードバックをもらうというのは、いわば「上司の力を借りて仕事を前に進めること」です。使えるものは何でも使う。このくらいの図々しさで仕事を前に進めていけば、どんどん成長していきます。

「報・連・相」はとにかく「報告」が大事

「報告」はどんなに多くても過剰にならない

「報告」「連絡」「相談」はまとめて「ホウレンソウ」と呼ばれます。

ひとまとめにされるくらいですから、仕事の中で「報告」「連絡」「相談」の重要度は同じように思いがちですが、実は違います。

「報告」「連絡」「相談」の3つの中では、**「報告」の重要度が段違いに高い**のです。

「報告」は、どんなに過剰にやってもやりすぎることのない、希有なコミュニケーションです。

連絡や相談を過剰にされたら、たいていの上司は嫌がります。しかし、報告を過剰にされても嫌がる上司はいません。それだけ上司は、部下からの報告を求めています。「返信はなくてもOKです」の言葉とともに、毎日、おこなった業務の報告をメールで送ってくる部下がいたら、上司はむしろ、ありがたがるはずです。心配性の上司であればなおさらです。

「報告」とは、上司からの返信や指示、アドバイスなどを一切求めない、**「壁打ち」に近い行為**です。上司の負担はほぼゼロ（メールを読むという時間を除けば）。

極論すれば、上司が1行も読んでいなくても構わない。何か起こったときだけ、部下の報告メールを確認し、状況をすぐに把握できれば十分。それでいいのです。上司に見返りを求めないので、送る側の部下にとっても気がラクです。

私も、**「一応、報告です。返信はいりません」**と添えて、藤田に報告を入れています。

藤田ほど、いろいろな方面から日々、大量の連絡が届くような人でも、私からのこまめな報告を面倒くさがっている様子はありません。

上司が報告メールを読む、読まないは気にせず、とにかく報告は入れるに限ります。多すぎて迷惑になることはありません。

「1行の報告」を毎日する

「こまめな報告をこまめに入れたら、上司は面倒くさがるのではないか」「ある程度、物事が進行してから、まとめて報告したほうがよいのではないか」と考えるかもしれません。

現実はまったく逆です。「頻度が少なく、やたら文章の長い報告」ほど、上司は面倒くさいと感じるものなのです。

2週間に一度、14行の報告よりも、**1行の報告を毎日もらったほうが、上司はありがたいもの**です。単なる行数の問題ではなく、「2週間前のことを思い出す」というコストを考えても、毎日1行のほうが早く読めます。

また、**情報は「鮮度の高いもの」のほうが価値がある**こともあります。

特に**「ライバル会社の動向」**や**「トラブルになりそうな案件」**は、早ければ早いほど打つ手がある可能性大なので、いち早く上司の耳に入れたほうがよいでしょう。

報告内容に何か引っかかるものがあったら、上司から何かしらのアプローチがあるはずです。フィードバックをもらうチャンスを増やすためにも、こまめに報告を入れるほうがよいと私は考えています。

「テキストだけで説明できる人」になる

ほとんどの仕事は「テキスト」だけで完結する

私が管轄する部署では基本的に、会議を行わないようにしています。

会議が好きな人を、私は見たことがありません。

多くのビジネスパーソンが、会議を「やらなくてすむのならば、やりたくないもの」ととらえています。かける時間と労力に対し、リターンが少ないからです。

だから私は、「会議のない組織」を自ら作ろうと考えたのです。

会社における会議の目的は、おもに次の3つです。

①情報共有
②説明
③アイデアを揉み込むための議論

①と②は、テキストで事足ります。**「メールやチャットでまず話し、それで足りないようならば直接会って議論する」で仕事は十分に回る**のです。

提案のためのプレゼンもそうです。

クライアントに見せるようなおしゃれなグラフィックを多用したパワーポイントなど不要です。上司への提案であれば、**メールに箇条書きで十分**です。

参照してほしいデータについては、調査データが載っているホームページのURLを貼っておけば1、2行ですみますし、「社内サーバーのここに資料があります」とフォルダへのリンクを載せれば、**添付ファイルさえも不要**です。

いちいちグラフや参考資料を作成する時間がもったいないので、極力テキストだけでまとめるのです。

上司を「ちょっといいですか？」と呼び止めない

会議に限らず、多くのビジネスパーソンは**「テキストですむものならば、テキストですませてほしい」**と考えています。

みなさんも経験があると思います。

あなたは集中して、ガリガリと仕事を進めているとします。仕事はサクサク進み、いたって順調です。

突然、あなたあてに内線電話がかかってきました。出てみると、それはそんなに急ぎでもない案件について、進捗を連絡する電話でした。

「ありがとうございます」と電話を切りつつも、心の片隅ではこんなふうに思います。

「その話、メールでしてくれたらよかったのに……」

内線の着信音が聞こえた時点で「何事かな？」とか「何か緊急事態か？」とか「ミ

スしてしまったのかな？」などと、短時間で心をあれこれと巡らせてしまい、ドキドキします。問題はなかったことにホッとしつつも、余計なことに時間をとられてしまったと感じるはずです。一度切れた集中を取り戻すのは大変ですから。

多くの上司が部下からの「ちょっといいですか？」を嫌うのは、これと同じ理由です。

集中して進めている仕事の手を止めるのもストレスですし、「ちょっといいですか？」の先に重大な話が待っているのか、それとも大したことのない話が待っているのかを探るのもストレスです。

結果的に大したことのない相談事だとしても、「そんなことはメールやチャットでよかっただろう」と少々イラッとするのもまたストレスです。些細なことにイラッとする自分にもイラッとし、大人気ない上司だと反省する。その時間もまたストレスです。

逆に言えば、**「要点をテキストで的確にまとめて送ってくれる部下は、ありがたがら**

れる」ということでもあります。

上司とのコミュニケーションは、上司から「直接の対話」を求められない限りは、**「まずテキストで説明する」**を心がけましょう。

「部下が説明しようとしていることは何なのか」をテキストでざっくりと把握できるだけで、上司のストレスはかなり軽減されるものです。

- **何が**
- **どうして**
- **どうなったのか**
- **何に困っているのか**

など、できる限り具体的に、**箇条書きなどを使って短い単語で**テキストに記しましょう。口頭で長々と話されるよりも格段に、上司は要点をつかみやすくなります。

要点をつかみやすいということは、部下に的確な指示やアドバイスがしやすいということでもあります。つまり、**「あなたが上司にしてほしいこと」をいち早くしてもら**

えるということです。

慣れるまでは「テキストでまとめる」というのは大変かもしれません。しかし、これも数をこなせば確実にうまくなります。

また、上司から「わかりやすい報告メールだった」などと言われたメールは、次回以降の**テンプレート**として使えます。数をこなすほどテンプレも増えるので、ラクに早くまとめられるようになります。そこまでいけば「上司を探してつかまえて、一から口頭で説明して……という面倒なことはしたくない」となるはずです。

相談をされる側も、相談する側のあなたも、結果的にはお互いに最小限のストレスでコミュニケーションをとることが可能になるのです。

正直、パワポはいらない

社内では「資料」すら必要ない

パワーポイントは、資料を美しく見せることに長けたツールですが、仕事をする上では「使う必要はない」と私は考えています。

百歩譲って、クライアント相手であれば、まだパワーポイントを使う意味はあるかもしれません。

クライアントに提出した資料は、クライアントの社内で流通し、部署内での共有材料や、上司への説得材料として使われます。つまり「資料を美しく見せること」そのものに意味が出てきます。意思決定の後押しになることもあるかもしれません。

ただ、少なくとも**社内資料では、パワーポイントは必要ない**。それどころか、**そもそも社内では「資料」は必要ない**。これが私の持論です。

- **会議をしない**
- **資料を作らない**

これだけで**仕事はかなり効率化できる**のです。

すでにお話ししたとおり、会議の主目的である「情報共有」「説明」「アイデアを採み込むための議論」のうち、「情報共有」と「説明」はテキストで事足ります。

説明する。許可を取る。そんなことに装飾はいらないのです。

会議を求めるかどうか。資料を求めるかどうか。これは「上司が優秀か、そうでないか」のバロメーターとなります。

「自分は、テキストだけでは理解できない。会議をしてくれないと、資料を作ってくれないと理解できない」と言っているのとイコールだからです。そしてそれは、結局「部下の時間を奪っている」ことになります。

もしも会議や資料を求める上司に当たってしまったら、「この上司は優秀ではないのだ」と割り切り、**最低限の時間と労力で会議や資料作成にあたりましょう。**

時間は、上司のために使うものではありません。本来は社外にある市場のため、お客様のために使うものです。

提案は「簡素」であればあるほどよい

「そうはいっても、上司を説得するには美しい資料のほうがいいのではないか」と考える人も多いでしょう。

しかし、それは誤解です。満を持して提案をすると、かえって通りにくくなるもの。上司の側も、立派な資料を前に「これはじっくりと考えて、イエスかノーかを答えないと」と構えてしまうからです。**そのがんばりがかえって無駄を生んでしまう。**おそろしい現象です。

一方、テキストだけ、要点は箇条書き、口頭で最低限の補足説明をしただけの提案は、意外に通りやすい。装飾のない数行のテキストを見るだけでは、上司は構えることもありませんし、万が一、失敗したときにも「ちょっと検討の時間が足りなかったな」と上司が言い訳する余地を与えることにもなります。

シンプルな提案は、ゴーサインを出すハードルが格段に低くなるのです。

資料作りに時間を費やせば費やすほど、提案が通りにくくなるわけです。こんなに残念な話はありません。パワーポイントを使った資料作成はやめ、簡単なテキストで説明できるようになりましょう。

「テキスト理解力」を身につける

「正しい理解力のある人」とは？

私が社長を務める会社では、定性目標として「正しい理解」を掲げています。

私の考える**「正しい理解力のある人」とは、「テキストだけで理解できる人」**です。

口頭での説明や、会議や詳しい資料でテキストを補足してもらわないと理解できない人は、理解力が低いといえます。そして理解力の低い上司は、メンバーに「詳しい説明」や「詳しい資料」を求め、負担を強いることになります。

「メールでもらった件、説明してくれない？」と、部下を呼びつける上司。

こういう上司は、「テキストを読んで理解するのが面倒くさい」から、口頭説明を求めがちです。

私の会社で働いている人には、将来、そのような人にはなってほしくない。そこで私は、**会社の定性目標に「正しい理解」を掲げ、テキストだけで理解する努力をするよう推奨している**のです。

同様に、「テキストだけで的確にまとめるのが苦手（面倒）」な人もいます。「メールでは伝わらないので、会って話をさせてください」と言う人や、「あいさつだけでも伺いたい」と言う営業パーソンがわかりやすい例です。コロナ禍を経て、こういうやり方は通用しにくくなっています。

他者の「時間」と「労力」を奪わない人になる

説明してもらわなきゃ理解できないようになったら終わり。私自身はこう考えて、自分自身の理解力を高めるよう努めています。

先に述べたとおり、「文章を読むのは面倒だから、口頭で説明してくれよ」とか「わかりやすい資料にまとめてくれよ」と簡単に言ってくる年配社員は、どの会社にもいるでしょう。これは「自分が面倒」という理由だけで、メンバーの貴重な時間と労力を奪う行為といっても過言ではありません。今の時代、これでは**時間泥棒**になってしまいます。

若手社員にも、テキストだけでは理解しようとせず、すぐに説明を求める人は多くいます。

「このテキストを読んでこういう意味だと思ったのですが、合っていますか？」と確認するのと、はじめから理解しようとせずに説明を求めるのとでは雲泥の差があります。

テキスト理解力は、コロナ禍を経てより強く求められています。

もちろん、テキストだけで理解できない場合は、質問してかまいません。ただ、最初から質問するのではなく、**まずは「テキストだけで理解しよう」と努めてほしい。**その積み重ねが確実に、理解力を高めるからです。

コラム

「結果を出すこと」が一番尊い

私はここまで、「他者想を発揮し、相手がしてほしいことを、相手に言われるより先にしよう」とお伝えしてきました。しかし、「結果」を追い求めずにこれを実行したところで、単なる「気のきく人」、悪く見れば「調子のいい人」にしかなりません。

他者想は目的ではなく手段、すべては「成果を出すこと」が大前提であることを忘れてはいけません。

いろいろな人から称賛され、「すごい人」と思われるのは、素直にうれしいものです。

しかしここで「自分ってすごいんだ」と全能感を得てしまうのは危険です。私自身、過去に調子に乗ってしまい、社運を揺るがすピンチを招いてしまったことがあります

（詳しくは「おわりに」でお話しします）。本当に恥ずかしい話です。

「称賛」は、「過去に出した結果」についてくるものです。**「これから出すべき結果」と結びつくものではない**のです。**いわば過去の「結果」についてくる「フィクション」**、現実とは切り離して考えるべきです。

素晴らしい結果を出している会社、素晴らしい結果を出している人はたくさんいます。チヤホヤされて調子に乗っているうちに、いつか彼らに追い抜かれます。失敗経験を経て、結果を出すことがいかに重要か、私は思い知らされました。

1年目は着実に結果を出していたのに、2年目以降、急に伸び悩む人を多く見かけます。これは1年目の成績を見た周りから**「すごいね」「優秀だね」とほめられ、そこで成長が止まってしまったことに原因がある**のかもしれません。

チヤホヤは「ノイズ」に過ぎません。時には「トラップ」にもなります。であれば、**遮断するくらいでちょうどいい**かもしれません。

仕事は常に「結果」が最上位。いつ何時でも、**優先順位が最も高いのが「結果」**であることを肝に銘じておきましょう。

第3章

毎日の仕事で大切にしたいこと

一瞬で終わる仕事は、一瞬で終わらせる

なるべく労力を使わずに成果を出す。そのために、一瞬で終わる仕事は、一瞬で終わらせましょう。「どうせ一瞬で終わるし、あとでやろう」では、必ず忘れます。

何気なく見過ごしがちですが、**仕事において「思い出す」は相当にコストがかかる行為**。たくさんの時間と労力を必要とします。その割に、リターンはほぼゼロに近い。こんなにコストパフォーマンスの悪い行動はありません。

であれば、**「思い出す」必要のない働き方をする**に限ります。

今できることは、今すぐやる。後回しにしない。「緊急度×重要度のマトリックス」などと、いちいち考える必要もない。頭の中で想像できて、今すぐできることがあるのならば、できる限りやってしまう。いたってシンプルですが、これが**最もコストパフォーマンスのいい働き方**です。

メールも同じです。

メールやメッセージは、返せるときに、一瞬で返しましょう。

メールを返信するには、多少なりともメールを読み返す必要があります。「メールを読む」「あとでメールを返信する」というように、2つの行動を別々に分けてしまうと、**メールを2回読まなくてはならない**のです。

ただでさえ忙しいのに、日々、膨大なメールが届く。1通のメールを2回ずつ読む時間なんてとてもとれません。だから私は、メールを読んだら極力**その場ですぐに返信する**ようにしています。

一瞬で終わる仕事を一瞬で終わらせる。この積み重ねで、あなたの仕事は格段に早くなり、よりラクに進められるようになります。

部下は「質問責任」を果たす

上司の「説明責任」と部下の「質問責任」はセット

若くしてめざましい成長を遂げるビジネスパーソンに共通するのは、**上司に対して「質問責任」を果たしている**点です。

質問責任──。

耳慣れない言葉かもしれませんが、**「説明責任」という言葉とセットで考える**と、イメージがつかみやすいでしょう。

上司には、部下が「この仕事、何のためにやるのだろう」と疑問を持ったままあさっての方向に進まないように、仕事の目的や意図を説明する「説明責任」があります。同時に部下の側にも、仕事に疑問を残したまま進めないようにするための「質問責任」があります。

上司の「説明責任」と部下の「質問責任」はセットなのです。

できる人は、仕事に「？」を残しません。自分が任されている仕事が会社全体のどの部分を担っていて、上流からどのような経路をたどって自分のチームに下りてきて、自分が仕事を果たすことで会社にどのような影響をもたらすのかをすべて理解しようとします。

情報が足りなければ、上司に「説明責任」を果たすよう求めるばかりでなく、自ら「質問責任」を果たして情報をとりにいき、「？」を解消しようとします。

正直なところ、「説明責任」を果たしてくれる上司に出会えるかどうかは、運です。自分の力ではどうすることもできません。

しかし、上司に対して常に「質問責任」を果たし続けることは、自分の力でできます。

わからないことは、とにかく質問しましょう。「質問ばかりして上司から迷惑がられるのではないか」などと心配する必要は1ミリもありません。

「自分は部下としての『質問責任』を果たしているまでだ」と堂々としていればいいのです（だからといって上から目線で「質問してやっている」といった態度はNGですが……）。

ただし、質問の仕方には注意が必要です。

何も考えず「どうすればいいですか」は、質問ではありません。思考の丸投げです。

まずは自分なりに、**間違っていてもいいので考えや仮説を持って、上司にぶつけていきます。**

「こうしようと思うのですが、よろしいでしょうか？」

「このような理解で合っていますでしょうか？」

何もかもわからないのであれば、「どうすればいいですか」と丸投げするのではなく、わからない部分を自分の中で具体化して伝えます。

「最初に何から取りかかればいいでしょうか？」

「私の役割がわからなかったので、どの作業を担当すればいいか教えてください」

実際、「100％上司の指示がわからない」ということはありません。理解できる部分と不明な点があるはずです。いったん自分で「わかる」「わからない」を分類してみてください。質問する力は、数をこなすことで上がっていきます。

常に「受け身」で、上司からの説明を待つばかりの若手が「上司が何も教えてくれない」と嘆いている間に、自ら「質問責任」を果たす若手は、どんどん成長していきます。

アドバイスは「即実行＋即報告」

「実行」までのスピードが、すなわち「本気度」

先ほどもお伝えしましたが、一瞬で終わる仕事は、一瞬で終わらせる。これが基本。
「すぐにやる」は、コミュニケーションにおいても非常にコスパのいい行為です。

サイバーエージェントで内定者アルバイトとして働いていた頃、ある社員（後に私の上司となる人でした）から、「会社の近くに家を借りたほうがいい。多少、家賃は高いかもしれないけれど、仕事の効率が高まる。すぐに給料は上がって、高い家賃の元は取れる。結果的にコストパフォーマンスはすごく高いよ」とアドバイスされたことがあります。

「なるほど」と納得した私は、その週のうちに新居を探し、すぐに引っ越しをすませました。私にアドバイスをした社員は、私の「引っ越しました」報告にまず驚き、そしてとても喜んでくれました。

アドバイスは即、実行するに限ります。

アドバイスをした人が、そのアドバイスを覚えているうちに実行するのです。

アドバイスを聞いてから実行までのスピードが、すなわち「本気度」です。

アドバイスを即実行する人は少ない。だからこそ、**圧倒的なスピードで実行に移すことで、あなたの「本気度」は強烈に印象に残ります。**

冷静に考えてみてください。

アドバイスをすぐに実行したことで得をしたのは自分です。

あくまで自分のためにしたことにすぎません。なのに相手からの評価もアップしてしまう。これって、すごいことだと思いませんか？

実行したらすぐに報告する

「実行」と同じくらい重要なのが**「報告」**です。

「報連相」は「報告」が一番大事、**アドバイスを即実行したら、即報告**しましょう。

仮に私が、社員からのアドバイスを即、実行に移して家を引っ越したのに、そのまま社員に「あなたのアドバイスを実行して引っ越しました」と報告しなかったら、どうでしょう。

私にアドバイスをした社員は、私がそのアドバイスを実行したのか、それとも実行していないのか、わからないままです。肝心の「本気度」が相手に伝わりません。

「実行すること」がゴールではありません。

実行した後で「報告すること」がゴールなのです。

これはアドバイスに限らず、仕事の中で上司から指示を受けた場合も同じです。本書で何度もお伝えしている**「他者想」**の出番です。

指示を与えた側は、何の報告もないと「あの指示、実行してくれたかな?」「実行した結果、どうなったかな?」と気になるものです。

そして不安になった上司は「あの件、どうなった?」と確認し、部下は「ああ、あの件ならもう終わりましたよ」と返す。上司はきっと「だったら報告してくれよ」と思うでしょう。指示を即座に、忠実に実行したにもかかわらず、報告しなかったばかりに、評価を落としてしまう。日本全国の職場でよくある、残念な事例です。

とにかく即実行、即報告。すると相手は喜び、評価も確実に上がります。

「実行→報告」までが仕事なのだと覚えておいてください。

「あの件、どうなった？」と言われたら負け

「報告の日」を決めてしまう

アドバイスは「即実行、即報告」。私自身が上司の立場になってみると、渡したアドバイスを即実行、即報告してくれる人はやはり気持ちがよく、どんどんチャンスを渡したいと思うようになりました。

「打てば響く」は、抜擢される人に共通する要素です。

アドバイスをもらったら、できるだけ早く具体的なアクションを起こし、アドバイスをくれた人に報告するべきです。

逆に言うと、**上司から「あの件、どうなった？」と聞かれたら負け**。私はそう考え

ています。

すでにお話ししたように、指示やアドバイスを渡した側は、何の報告もないと「あの指示、実行してくれたかな？」「実行した結果、どうなったかな？」と気になるものです。

仮に催促されないのだとしたら、それは決して、指示を出したことを忘れているのではなく、**「この人はいつ報告しにくるのだろう」と泳がされている**のです。そしてついに、しびれを切らして、「あの件、どうなった？」と確認するわけです。

つまり「あの件、どうなった？」でゲームオーバー。上司からの評価が下がったことがここで確定します。

報告のタイミングがつかめないようなら、**「月・水・金は報告の日」と決めてしまいましょう。**「可燃ごみの日」のように「報告の日」を決めておけば、報告が滞って上司をやきもきさせることもなくなります。

「自分との約束」を守れる人は希少性が高い

目標をうやむやにしてしまう人は多い

社会人として働いてみて新鮮だったのは、**「目標を設定する人」は多いのに、「目標を意識して、達成しようと努力し続ける人」はなかなかいない**と気づいたことです。

誰もが期首に「今期の目標」を定めて上司に伝えます。しかしいざ期が始まると、「自分がどう動いたか」を目標と結びつけて日報に書く人も少ないですし、それを指摘する上司も少ないのです。

目標を掲げはするものの、みんないつの間にかそれを忘れて「なかったこと」にして、うやむやにしているのです。

仕事とは関係ない「自分の中で定めた目標」になると、より顕著でしょう。年初に立てた「今年は5キロやせよう」「今年中にTOEICスコアを800点とろう」といった目標を実際に達成する人は、そうそういません。それも「がんばっても達成できなかった」のではなく、**「いつの間にか目標そのものをなかったことにしてしまった」人がとても多い**のです。


これは裏を返せば、「目標を定めて、その目標を本気で目指し続ける」のは、とても希少性の高い行動であるということです。

目標にこだわり、目標を達成しようと行動し続ける。

たったこれだけで、あなたは一目置かれるのです。

「目標にこだわる」とは「結果にこだわる」こと

目標を定めて、その目標を本気で目指し続ける。

この行動には、生まれながらのセンスも才能もまったく必要ありません。**ただ「やる」だけ**です。誰にでもできます。

それでいて、評価される。

こんなに**コストパフォーマンスのいい行動**はありません。

私は、自分で立てた目標には徹底的にこだわり、達成し続けるようにしました。**自分との約束なので、守らなくても上司に怒られることはありません。**上司も周囲の人も知らない、自分だけの目標で構いません。自分で立てた目標を達成すべく、やり抜くことに意味があります。

「目標にこだわる」とは、「結果にこだわる」ことでもあります。

「目標」というコストパフォーマンスの高いマネジメントツールを得て、私の仕事のパフォーマンスは高まりました。

加えて、**周りからの定性評価が高まる**のも感じました。

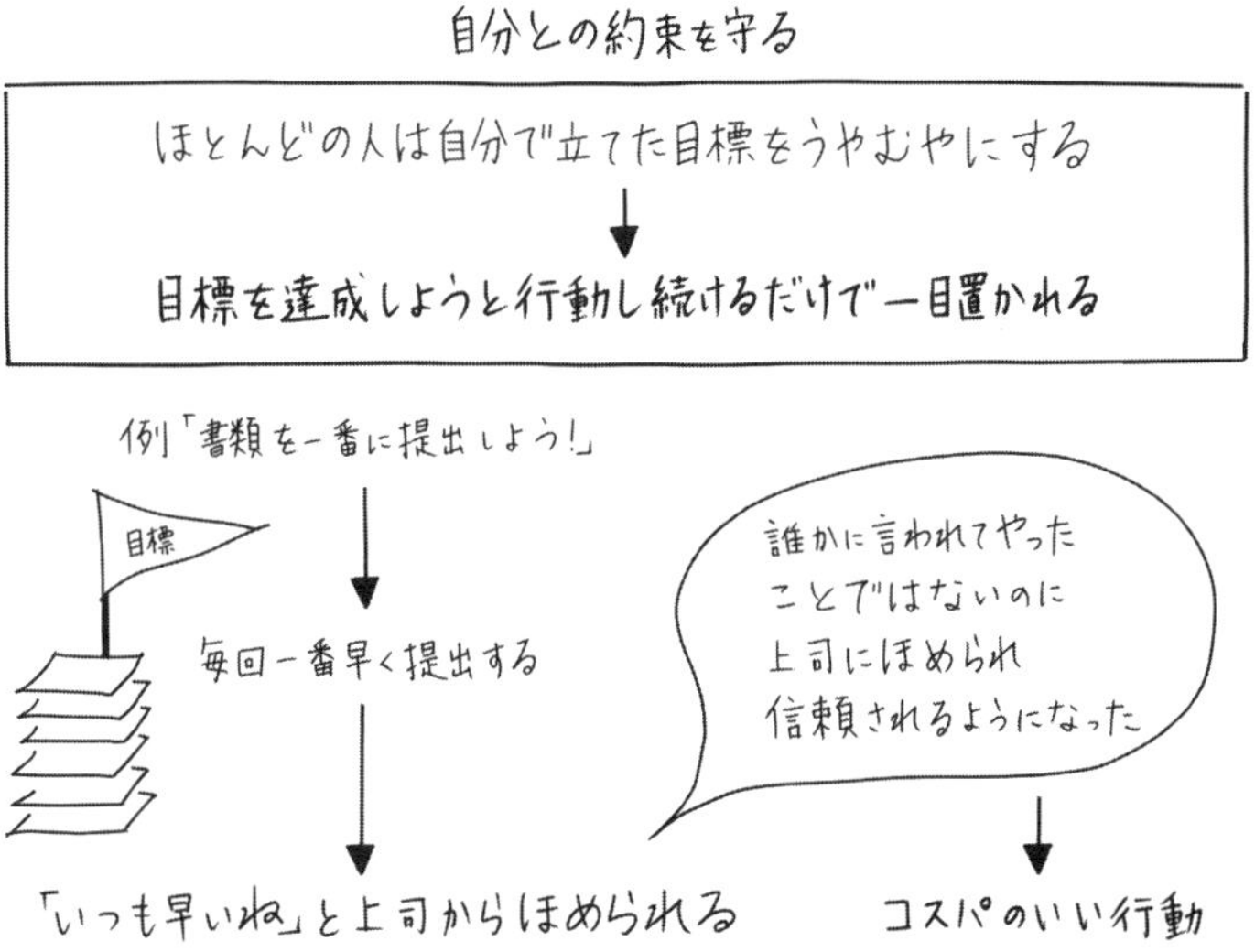
自分との約束を守る
ほとんどの人は自分で立てた目標をうやむやにする
目標を達成しようと行動し続けるだけで一目置かれる
例「書類を一番に提出しよう!」
目標
毎回一番早く提出する
誰かに言われてやった
ことではないのに
上司にほめられ
信頼されるようになった
「いつも早いね」と上司からほめられる
コスパのいい行動

20代の頃、私は毎朝、オフィスで朝一番に出社すると決めていました。単純に、朝、人気《ひとけ》のないオフィスのほうが集中できるからです。特に宣言することなく、自分との約束として「朝一番に出社する」ことにしました。

たったこれだけのことなのに、私が朝一番出社を続けていると、「飯塚は朝一番の出社を続けていてえらいね」とほめられるようになりました。

自分との約束を守り続け、**自分のメリットになる行動をとり続けているだけなのに、周りから「えらい」とほめられる**。とてもお得だなと感じました。

自分との約束を守れる人は、貴重です。

愚直に続けてみましょう。必ず見てくれる人が現れます。

コラム

「感謝＋感想」が一番うれしい

何かをもらったら、感謝の意を伝える。「ありがとう」と言う。とても大切なことです。ただ、お礼を言えない人はなかなかの少数派。世の中の多くの人は、何かをもらったとき、相手に「ありがとう」と伝えています。

「ありがとう」は素敵な言葉ですが、あまりにも言い慣れ、また言われ慣れていて、ともすればテンプレート的なコミュニケーションになりかねません。

そこで私は、「感謝」に加えて「感想」をつけるように心がけています。

これは「あたりまえ以上」の行為でもあります。

おすすめのお店を教えてもらったとき。おもしろかった本を教えてもらったとき。仕事でアドバイスをもらったとき。私は何でも「即実行、即報告」します。

そのとき、「教えてくれてありがとう」という言葉とともに、「お店に行ってみたらこう感じた」「本を読んでこう感じた」「アドバイスを実行してみてこう感じた」という感想を付け加えるようにしているのです。

感想には、その人の個性が色濃く出ます。「ありがとう」という言葉だけより、その人ならではの感想をもらえたほうが、相手はうれしいはずです。

感謝もより伝わります。意識して、「感謝」に「感想」を添えてみましょう。相手はもっと貴重な情報をあなたに教えてくれるようになるはずです。

第４章

人付き合いで
大切にしたいこと

コミュニケーションは「失点」しなければいい

社会に出たら、常に「他人」が評価者となる。ここを意識しすぎて、社内のありとあらゆる人との会話がおっかなびっくりになってしまう人がたまにいます。

「嫌われないようにしよう」としたり、あるいは過剰に「好かれよう」としたりして、すべての言動が演技っぽく、嘘くさくなってしまう。「嫌われたくない」「好かれたい」と考えすぎると、かえって言動が不自然になります。

第1章でもお伝えしましたが、**仕事は「自然体」が一番**です。無理に好かれる必要はありません。もっと気楽に考えましょう。

私は仕事のコミュニケーションにおいて、**まず「0点」をとろう**と心がけています。

これ以上はがんばりません。

加点もなく、失点もない状態。これが「0点」です。
仕事のコミュニケーションは「0点」で十分なのです。

上司からの呼びかけを無視する。「は?」と威圧的な態度で返事をする。上司にタメ口で話しかける。これらはいずれも、コミュニケーションとしては「大失点」です。

上司から呼びかけられたら「はい」と返事をする。顔と体を正対させて話を聞く。敬語で話しかける。これらは、特別に加点されるような要素こそないものの、これといってマイナス点を食らうような要素もありません。つまり**「0点」のコミュニケーションです。「0点」さえとれれば、仕事は滞りなく回ります。**

まずは「0点」を第一の目標にしましょう。

サッカーのリーグ戦では**0対0の引き分けは「勝ち点1」**になります。コミュニケーションも同じ。相手との関係においてプラマイゼロであれば「勝ち点1」、これで十分です。

「人見知りなんです」などと言わない

チャンスを遠ざける言葉は口にしない

入社して間もない社員に、私はよく「『人見知り』という言葉を使わないようにしましょう」と話します。

「私は人見知りなので、先輩たちとなかなか仲良くなれなくて……」と自分から言う人に、わざわざ話しかけたいと思う先輩はいません。「人見知り」は、相手のほうから自分に話しかけてくれるチャンスを自ら遠ざける、**何の得にもならない言葉**です。

見ず知らずの人と話すのは、誰もが緊張するものです。私だってそうです。なじみの人とだけ話して仕事になるのならばそうしたい。でも、そんな未来はあり得ない。

だからこそみんな、自分を奮い立たせ、知らない人とも自分からコミュニケーションをとり、徐々に関係を深めていくのです。

人見知りであること自体は仕方がないですし、**ほとんどの人は人見知り**です。みんな同じ。だから、わざわざ口に出して他人に宣言するようなことではありません。

「損をするイメージ」を排除する

人見知りを克服する方法。それは、人見知りを覆す「いいイメージ」だけを自分の中で思い出し、膨らませることです。

人見知りだと思っていたけど、初対面の人とも話せた。人前は苦手だと思っていたけど、友だちの結婚式のスピーチで大きな拍手をもらった。そのような「人見知りを覆すエピソード」が必ず、自分の中に隠れているはずです。小さなことでも構いません。それらを思い出して、ひたすら自分の中で膨らませ、**「得するイメージ」だけをひたすら妄想する**のです。

「私は人見知りで……」と誰かに言いたくなったときは、これを試してみてください。

「前回、私は緊張しながらも初対面の人と話ができた」

こんなふうに心の中でつぶやくのです。

「できたイメージ」が上書きされ、自分の中の人見知りが徐々に居場所を失っていきます。

気を遣いすぎず、率直に

思っていることは率直に伝える

コミュニケーションの齟齬や誤解によるゴタゴタは、組織と個人のパフォーマンスを大きく低下させます。

相手を気づかいすぎるあまり、遠回しな表現に終始してしまい、結果として相手に伝えるべきことがまったく伝わっていなかった。気づいている改善点があるのに、遠慮して自分の中で抱え込んでしまい、いざ伝えたときには手遅れでトラブルに発展してしまった。ありがちな事例ですが、どちらも組織には大きな混乱を生みます。

大きな成果を上げるためにも、相手には最大限のリスペクトを注ぎつつ、勇気を出

して思っていることは率直に伝えましょう。

率直なコミュニケーションは、情報伝達のスピードを速めます。できる限り最小の力で、最速のスピードで成果を出すために、**「率直」は大きな武器になる**のです。

「オープンなコミュニケーション」を心がける

私は、職場でもメールでもチャットでも、できる限り**全員が見える場所でコミュニケーションをとる**よう心がけています。これも**「率直」の一種**です。

具体的には、1対1でメールやチャットをせずに、全員あてにメッセージを送るといったことです。

情報の公開には、メリットしかありません。

相手と率直なコミュニケーションをとる。その姿をみんなに見せることで、「そうか、このようにコミュニケーションをとればいいのか」という模範にもなりますし、「この人は本当に裏表がないんだな」という**信頼にもつながる**のです。

一人の人と率直なコミュニケーションをとるだけで、職場全体に公平かつ率直なコミュニケーションが広がっていきます。

「率直」を意識しましょう。あなたの思いをまっすぐ伝えれば、相手もまっすぐ返してくれます。齟齬や誤解が生まれるリスクは極端に減ります。

人付き合いも「自分の感情に素直」で

「苦手な人となるべく関わらない方法」を考える

「仕事なのだから、苦手な人とも嫌々、やりとりを続けなければならない」なんてことはありません。

自分の感情に素直に接しましょう。何事も自然体が大切です。

無理して平静を装ったところで、相手も人間。「この人、無理して自分と付き合っているな」となんとなく気づくものです。

お互いに嫌な気分で関わり続けるくらいなら、自分の感情に素直に「好き」「嫌い」を持ち、**嫌いな人がいたら、その人となるべく直接関わらずに仕事を進める方法を模**

索してもいいと考えます。

私は経営者として、年少の部類に入ります。

仕事で関わる社長の方たちはみなさん年上です。それ自体は特に気にならないのですが、中には「年齢の上下」をそのまま「仕事におけるパワーバランスの上下」へと過剰に結びつけたがる方もいます。そのような方は正直、ちょっと苦手です。

ただ、私も経営者ですから、取引先の社長さんがちょっと苦手だからといって、「あの会社とは付き合わない」と絶縁するわけにもいきません。それではただの、わがままです。

とはいえ、ちょっと苦手なものはちょっと苦手です。そこで私は、仕事における綿密なやりとりは周りの方（秘書や役員など）とするようにし、社長さんとはあいさつ程度のお付き合いに留めるよう工夫しています。すると、極力気持ちをすり減らさずに、スムーズに仕事を進めることができます。**相手（の社長さん）からしても、そのほうがストレスはありません。**

「気の合う人」とは、とことん仲良く

一方で、**気の合う人とはとことん仲良くなります**。

経験上、「友だちとしても仲良くなれそうだな」と好印象を持った人との関係はやはり長続きしますし、いい仕事につながります。実際にプライベートで会って、より交流が深まることもあります。

「仕事だから、好き嫌いを言わずに仲良くしなきゃ」と考える必要も、逆に「ビジネスのお付き合いだから、公私混同してあまり仲良くなりすぎないようにしなきゃ」とも考える必要もないのです。自分の気持ちに素直に、まっすぐに目の前の人と接してみましょう。

ただし、気をつけなければいけないポイントもあります。

あまりにも自分の気持ちに素直に、まっすぐに人と接してしまっては、ともすればただの「自分勝手な人」になりかねないということです。

この本で何度もお伝えしているキーワード、「他者想」を忘れてはいけません。

自分の素直な感情に耳を傾けつつ、「他者想」を持つ。

すると「自分を大事にする心」と「相手を大事にする心」のバランスがとれ、自然体で人と接することができるようになります。

オンライン会議で「一言目」を発する

「最初の一言」だけで気がきく人になれる

会議室に参加者が集合してから、会議開始まで。オンライン会議で早めに入室したとき。シーンとした気まずい時間が流れがちです。

そこで、勇気を出して**一言目を切り出せる人になりましょう。**

慣れないうちは、あいさつだけでも構いませんが、できれば誰かに質問をしたり、話題を振ったりしたいところです。

最初に会話のパスを出せる人は、「気がきく人だ」と一目置かれます。

会議に向けて場の空気をほぐすことが目的ですので、その場にいる上司やプロジェクトリーダー、進行役の人などに、何か話を振るだけ、**自分が話をするのではなく、あくまで一言目を切り出すだけ**というのがポイントです。

「会話のパス出し」は話下手でもできるコミュニケーション。私も心がけています。

サイバーエージェントの役員会では、私が一番年下です。

そのため**「みんなが一番喜ぶ話題は何かな」**と考えながら、私は雑談のネタを常に用意して役員会に臨んでいます。

社長の藤田は自ら「自分語り」をしない人物であるものの、自分が話題の中心にいることを嫌がりません（あくまで私の想像です）。そこで私は、役員会では「全員が盛り上がりそうな藤田の話題」を用意していくことがあります。

ある役員会の前日、藤田は競走馬のセリで高額な馬を競り落としており、スポーツ紙、一般紙を問わず大々的に報じられていました。その多くがポジティブな反応でしたから、私は「これを話題にしよう」と決めました。

ほかにも、藤田がチェアマンを務める麻雀のプロリーグ「Mリーグ」や、藤田が雑誌『GOETHE（ゲーテ）』で紹介された話など、**「会議参加者全員で共有できるポジティブな話題」**を何か一つは用意するように心がけています。

私の場合はやや特殊かもしれませんが、自社の新製品や新サービスの開始、イベントの開始や展示会の出展、業界全体に対するポジティブなニュースなどは、話題にしやすいでしょう。プライベートな話題は避けたいところですが、社内のスポーツ大会で優勝した、といったことであれば問題ありません。

他者想（他者への想像力）を働かせ、**「みんなが喜ぶ話題は何か（どのような話題が適切か）」**を考えてみましょう。最初は大変かもしれませんが、慣れると自然にできるようになります。一言振るだけですから。リアルの会議でも同様です。

「誰を話題の中心にするか」は慎重に考える

気をつけたいのは、**「自分に注目が集まるのを嫌がる人もいる」**という点です。

「自分に注目が集まるのを好む人」であれば、話題の中心に据えても場にいる全員で盛り上がることができるのですが、「自分に注目が集まるのを嫌がる人」を話題の中心に据えてしまうと、その人に嫌悪感を与えてしまいますし、周りにいる人も盛り上がりづらくなってしまいます。

といっても、さほど難しいことではありません。

だいたいの人は次の3種類に分かれます。

①自分から自分の話をグイグイ話す人
②自分からは話さないけれど、話題を振られたらうれしそうに話す人
③そもそも自分の話をするのもされるのも好きではない人

②のタイプを見分けられるかが重要になります。参加者一人ひとりについて、「この人はどのタイプかな」と観察しつつ、全員で共有できる話題を探してみましょう。

コラム

あえて「自分主体のコミュニケーション」をする

この章の冒頭で、コミュニケーションは「0点」で十分とお伝えしました。

しかし、**特定の誰かと強い結びつきを持ちたいと考えたら、失点リスクを恐れず「加点」するためのコミュニケーションが必要になってきます。**

コツは**「素を出す」こと**です。「0点のコミュニケーション」が、失点しないように相手を尊重する「相手主体のコミュニケーション」だとすれば、**「素を出すコミュニケーション」は、自分の願望を隠さずに伝えて相手に甘える「自分主体のコミュニケーション」**のこと。**「思っていることを100％さらけ出す」ことではありません。**

まずは丁寧に「相手主体のコミュニケーション」を重ねて失点をせずに関係性を築き、ここぞの場面で「自分主体」のお願いをすると、多くの場合、うまくいきます。

新型コロナウイルスの感染拡大がいったん落ち着いてきたある日のこと。2020年12月からサイバーエージェントの社外取締役を務めている高岡浩三さんのご自宅にお招きいただきました。

社長の藤田は別として、現場の人間が社外取締役の自宅を訪問する機会は、執行役員といえどもなかなかないことです。しかし、タイミングよく実現しました。

私が高岡さんに、「実務でこのようなご相談事があるのですが、今度ご自宅にお伺いしてもよろしいですか？」と**「おねだり」**したからです。

高岡さんは快く了承してくださいました。私は人目を気にすることなく、会話の内容が外部に漏れる心配もせず、高岡さんに実務の相談をし、高岡さんのビジネス経験に基づくお話もじっくりと聞くことができました（感染防止対策もしながらです）。

「他者想」を働かせたとき、「遠慮するよりも、この人にはストレートにお願いをしたほうがいいだろう」というケースもあります。相手主体と自分主体のバランスをとりながら、**行くときは行くコミュニケーション**を心がけましょう。

第5章

「心」の健康のために大切にしたいこと

「感情」を「論理」で支配する

人間は感情に振り回される生き物です。面倒くさい。気に食わない。遊びたい。さまざまな**感情が行動の邪魔をしてきます。**

私は、**行動するかどうか迷ったときは「論理的に正しいこと」「理屈で考えれば正しいこと」をやる**ように心がけています。

勤めている会社が入っているビルの入口に、見たことのない人が立っていたとします。自社を訪問しようとしている人かもしれないし、自社とはまったく関係のない人かもしれません。

こんなとき、「自分は知らない人に積極的に話しかけるほうではないし、そもそも自社とはまったく関係のない人かもしれないし……わざわざあいさつをしなくていいかな……」なんて考えがちです。私自身、どちらかといえば人見知りなほうですから、一瞬はそんなことを考えたりもします。

しかし**理屈で考えたら、相手が誰であろうと、あいさつをしたり、声をかけたりしたほうがいい**に決まっています。だから私は、たとえ相手が知らない人であっても、声をかけたり、あいさつしたりするようにしています。

仕事でも同じです。

上司に相談するべきか否か。迷ってうじうじして無駄な時間を過ごすくらいなら、「論理的に正しいほう」、つまり上司に相談するほうを選ぶのがいい。**論理的に考えると、迷って動けない時間を短縮することができる**のです。

「論理的に考えれば〜」「理屈で考えれば〜」

何か感情が出てきたときは、思考で判断するクセをつけておくと、感情に振り回されることなく、スムーズに動けるようになります。

いつだってコントローラーは自分で握る

仕事はとにかく「キレたら負け」

仕事は「キレたら負け」のゲームである。

これは私が入社間もない頃、社長の藤田からもらった金言です。

仕事に「理不尽」はつきものです。

職場にしてもお客様にしても、気の合う相手ばかりを選んで付き合うわけにはいかないのが仕事ですから、理不尽な状況に遭遇するのは当然のことともいえます。いわれのないクレームを受けたり、上司の勘違いで叱られたり、お客様からこちらをバカにしたような態度をとられたりと、キレたくなる要素はたくさん出てきます。

でも仕事は、「キレたら負け」。いっそ、「キレたら負け」のゲームだと思ってプレーしましょう。負の感情や、謎の正義感に振り回されてはいけません。

この**「他人に感情を振り回される状態」を極力なくすことが、仕事においては非常に重要**になります。

「キレる」とは、「目の前の状況をぶち壊し、投げ出す」こと。どんなに理不尽な状況に置かれても、目の前の状況をぶち壊し、投げ出してはいけません。

サイバーエージェントのインターンシップで出会った4人で立ち上げ、私が社長を務めることになった会社・シロク。創業当初はメンバー4人の意見が合わず、険悪な雰囲気になることがよくありました。

なんでこの人は、自分の言うことをわかってくれないのか。なんでこの人は、自分の期待通りに動いてくれないのか。なんで自分の意見が通らないのか。私は周りの3人に対してそう感じていましたし、おそらく周りの3人も、それぞれが同じような思いを抱いていたのでしょう。意思決定は滞り、足踏みする日々が続きました。

うまくいかないなぁ……。思い通りにいかず、もどかしい日々が続く中で、私はサイバーエージェント社長の藤田に対しても、イライラとした思いを抱くようになりました。

「なぜ助けてくれないんだ」

シロクの法人化をすすめたのも、私を社長に推薦したのも、藤田です。

あんなに目をかけてくれていたのだから、困っているときにはもっと助けてくれてもいいではないか。もっとアドバイスをくれてもいいではないか。そんなことを思うようになっていたのです。

「他人に預けてゲームオーバー」が一番むなしい

では「もしも藤田が私に代わって、シロクが陥っている状況をなんとかしようと介入したら……」と想像したとき、私は思いました。

「それではつまらないし、自分がやる意味もないな」と。

仕事は「キレたら負け」のゲームです。そしてそのゲームには、セーブもリセットもない。

「難局に直面したから」と安直に他人に期待し、他人を頼るのは、セーブもリセットもないゲームで「ボスキャラが登場したから、なんとかして」と誰かにコントローラーを預けるようなものです。

確実にうまくいくのならまだいい。しかしそんな保証はどこにもありません。もしも誰かにコントローラーを預け、その人が失敗してゲームオーバーになってしまったら……。むなしくなるでしょう。「どうせ失敗するのなら、せめて最後まで自分の全力を尽くせばよかった」と後悔しないでしょうか。

そう考えたとき、私は「このゲームのコントローラーは、最後まで自分で握り続けよう」と決めました。

今思えば、あのときの藤田も「この難局は飯塚自身で乗り越えるべきだ」と、経営者としてあえて静観していたのかもしれません。

どんな難局でも、状況を自らコントロールする

自分が期待している行動を相手に伝える。

明確な指示を出す。

相手が動いてくれないのなら「なんで動いてくれないんだ」と不満を溜めるのではなく、「何か事情があるのではないか」と理由を聞く。

「なんでアドバイスをくれないんだ」ではなく、自ら聞きにいく。

このように、**困った状況を自ら解決しようと動き始めたら、物事は不思議なくらいにうまく進むようになりました。**

「なんで自分にパスが回ってこないんだ」と、グラウンドの隅っこでいじけている選手に、パスなど回ってくるはずがありません。相手のマークが薄いスペースに動き、「パスを回せ！」と呼ぶことで、はじめて味方からのパスをもらうことができます。

仕事も同じ。「なんで自分を助けてくれないんだ」と他人に期待し続けるだけでは、誰も力を貸してはくれないのです。

状況を自らコントロールする気概を持ち、声をかけて動く。**どんな難局でも、コントローラーは離さず自分で握る。**この姿勢が結果的に、周りからの助けを呼びます。

「ダークサイド」に落ちてはいけない

「なかなか成長しない人」の共通点

例えば新卒で入った同期が10人いるとします。

10人みんなが同じようにぐんぐんと成長していければそれが理想なのですが、そのようなことはなかなかありません。10人それぞれに、成長の速度にも、成長の幅にも、差が出てきます。

「なかなか成長しない人」に共通するポイントがあります。

成長しない原因を「自分」ではなく、「他人」に求める点です。

「部下は『質問責任』を果たす」の項で私は、「常に『受け身』で、上司からの説明を待つばかりの若手が『上司が何も教えてくれない』と嘆いている間に、自ら『質問責任』を果たす若手は、どんどん成長していく」とお伝えしました。

自ら「成長しよう」と積極的に動く人と、「誰かが成長させてくれるだろう」「なんであの人は自分を成長させてくれないのだ」と受け身で構える人との間に大きな差が生まれてしまうのは、当然のことです。

成長しない原因を「他人」に求める人は、自分を成長させてくれない上司や会社に不満を持ち、やがて文句を言い始めます。さらに、順調に成長している同期をやっかみ、足を引っ張り始めます。

私はこの精神状態になることを**「ダークサイドに落ちる」**と呼んでいます。

ダークサイドに落ちた人がやっかいなのは、仲間を引き込んで徒党を組もうとするところです。

一人でブーブー文句を言っている分にはまだかわいいものですが、一人、二人と仲間を増やし始めると、やっかいです。「自分たちが成長しないのは上司のせいだ、会社のせいだ」と文句を言い、「あいつばかりひいきされて、ずるい」と成長著しい若手をやっかむ雰囲気がはびこるのは、会社にとっても、ほかの人たちにとっても、何より本人たちにとって大きなマイナスとなります。

一人のビジネスパーソンとして成長したいと思うあなたには、たとえ壁にぶつかり、思うような成果が出せない時期が訪れたとしても、それを「自分の責任」としてとらえ、何ができるかを考え、決してダークサイドに落ちないでほしいと強く願います。**いったんダークサイドに落ちてしまうと、そこから「光の世界」に戻ってくるのはなかなか難しい**からです。

そしてダークサイドに落ちてしまった人の言動や思考からは、**静かに距離を置いてほしい**と望みます。

ダークサイドに落ちている人に手を施すのは、上司の役割です。あなたはあなたで、「成果の出る仕事」だけをやるよう努めれば、それでよいのです。

「教えてくれないんです」は危険信号

上司の立場からいえば、「ダークサイドに落ちそうかどうか」は、普段の何気ない言動を見ていればわかります。

ある新入社員から、入社して1～2カ月たった頃に「上司が教えてくれない」と相談を受けたことがあります。

「これは危険信号だ」と私は感じました。

「上司が教えてくれない」。

だから「私は成果を出せない」。

明らかに、**自分が成果を出せない原因を「他人」に求める発言**だからです。

私はその新入社員に、「『上司が教えてくれない』で終わるのではなく、『上司が教えてくれない』という不満を課題としてとらえ、それをどう解決していくかを考えてみてはどうだろうか」と話しました。

例えば、進めている仕事の方向性が見えなくなって悩んでいるのなら、「なんで上司は、悩んでいる自分に気づいてくれないんだ」と不満を募らせるのではなく、「これから毎朝、○○について確認させてください」と提案してみるのです。

すると、仕事のモヤモヤは毎朝解消されることになり、**精神的にもラクになります**し、上司からは「積極的に課題を解決しようとする人間だな」とプラス評価してもらえます。得なことだらけです。やらない理由がありません。「上司が教えてくれない」と文句を言っているだけの状態とは雲泥の差です。ストレスもなくなります。

上司に対して「他者想」を発動するのもいいでしょう。

上司はここのところ忙しいようだ。もしかしたら自分の姿が目に入っていないだけなのかも。自分が上司だったら「気づかなかったよ、ごめん。でも、もっと早く言ってほしかった」と思うだろうな……。であればさっさと相談するのが正解かも。

こんなふうにシミュレーションしてみるのです。

いずれにせよ、「他人」に対して過度に期待して「待ち」の状態でいる言動は、危険信号です。しかしそこで危険信号に気づき、思い浮かぶ「文句」を「課題」としてとらえ、どうすれば解決できるかを考えて動くと、ダークサイドには落ちずにすみます。

自分の心の声に細やかに耳を傾け、**「不満」や「不安」、「文句」や「怒り」が出てきたら、それを「課題」へと変えられないか、考えてみましょう。**

不満や文句から「感情」を取り除き、課題や提案という「思考」に変えていくのです。こうやって考えるだけで、物事が解決していなくても、ストレスやイライラはだいぶ軽減されます。

「自分の可能性」に自分でフタをしない

ダークサイドに落ちきってしまった人には、「今、ダークサイドに落ちているよ。もう一回がんばってみようよ」と丁寧に話すのですが、やはり「光の世界」に戻るのは難しいようで、そのまま会社を辞めてしまう人も中にはいます。

だからこそ、ダークサイドに「完全に落ちる」前の早い段階で、いかに手を差し伸べられるかが、上司としての大きなテーマだと感じます。


前述とは別の新入社員から、「トレーナーが自分の仕事で忙しく、私へのトレーニングに時間を割いてくれない。それが自分の成長のボトルネックになっている」と相談を受けたことがあります。

気持ちはわからないでもありません。ただやはり、これは「自分」ではなく「他人」に責任を求める思考です。

私は時間をかけて説明しました。

「確かにそうかもしれない。でも、自分の親が完璧な人間じゃないように、トレーナーも完璧な人間なんかじゃないんだ。だから、完璧を期待してはいけない。それに『トレーナーだけに教えてもらわなきゃいけない』と考えているのだったら、それは自ら脳みそにリミッターをかけている考え方で、もったいない。誰に聞いたっていいんだから、手の空いていそうな先輩に聞いたらどうだろうか」

新入社員ははたと気づいたようで、自分の職場に戻っていきました。

自分以外の他者に責任を求める「他責思考」にしばられると、自分で自分の可能性にフタをしてしまう考え方に陥りがちになります。

今、起こっている現象を、自分でなんとかする方法はないか。常に自分で責任を負う「自責思考」の習慣を身につけると、「文句」という課題は一気に解決へと向かい始めます。

自分を成長させられるのは、自分だけです。可能性にフタをせず、自分のことをもっと大切にしてあげましょう。

叱られたら「心」ではなく「頭」でとらえる

「何を言われているか」だけに着目する

叱られるのが好きな人はいません。

それでも、社会に出ると確実に、叱られる場面がやってきます。心の準備をしておくに越したことはありません。


上手に叱られるには、コツがあります。

叱られているときに上司からかけられた言葉を、「心」ではなく「頭」でとらえることです。

上司から叱られたとき、その言葉を心でとらえてしまうと「怖い」とか「嫌われたのかな」とか「なんだよ、自分だってできてないくせに」といったように、思考が「叱られたこと」そのものにとらわれて止まってしまいます。

相手に自分の感情を支配されてしまっているともいえる状態です。

そうなると、前向きな改善に移りづらくなるどころか、その後に上司と継続的な関係性を築くことすら難しくなってきます。


そこで、**叱られたら「頭」でとらえる。**「何を言われているか」だけを理解して、冷静に分析・改善するのです。

なんなら、「誰」が言ったかも忘れてしまってもいい。上司の言い方がきつい、目が笑っていないなどは、気にすることはありません（気のせいかもしれませんし）。自分がスマホになったとイメージして、**相手の言葉（音声）を頭の中でテキスト変換する**のです。

すると、「なるほど、こういうことを言っているのか」と、冷静になれます。そして、上司に対して必要以上に恐怖を感じることも、「なんだよ」と怒りを覚えることもなくなります。

私は複数の会社の社長であり、サイバーエージェントの専務執行役員でもありますが、いまだに叱られます。

恥ずかしながら「前に指摘したのに、なぜ直していないんだ！」といった初歩的なことで、私だって叱られたりすることもあります。

私を叱るのは、私の上司。つまりはサイバーエージェントの役員です。

役員に叱られると、たいていの社員はビビります。その社員たちから、私は「飯塚さんは、役員に怒られてもひょうひょうとしていて、すごいですね」と、不思議な尊敬をよく受けます。

しかしそれは、私のメンタルがタフなわけでも、上司のお叱りを私が「右から左へ」と受け流しているわけでもありません。

上司のお叱りを「頭」でとらえ、何をどう改善すればよいかを考えている。**感じるのではなく、考える。**ただそれだけなのです。

そもそも「嫌いな人」には怒らない

私は「無駄なことを一切せずに、最小の努力で、最速で成果を出したいと考える」人間です。これは決して私に限った話ではなく、世の中の多くの成果を出している上司がそうなのであろうと私は想像します。

できる限り、成果を出すために労力を使いたい。成果を出すために時間を使いたい。会社から求められ「上司」となるポジションに出世したからには、そう考えるビジネスパーソンであるはずなのです。

であれば、**わざわざ「成果につながらないこと」はしません。**部下を叱るのは、それが将来の「成果」につながると信じているからです。部下に期待しているからこそ、叱るのです。

上司に叱られたからといって「もしかして自分は嫌われているのではないか」と悩む必要はありません。

上司は、**嫌いな部下は叱らない**からです。

さまざまなハラスメントに対する世間の視線が厳しくなり、「叱ること」「怒ること」に恐怖心を覚える上司が増えているといいます。

下手に叱って「パワハラだ」と訴えられたくない。面倒なことには巻き込まれたくない。だから、部下がよろしくない行動をとっても、怒らず、関わらず、静かに距離をとってそのまま見捨てる上司が増えているのです。

その中にあって、「パワハラだ」と訴えられるリスクを負いながら、わざわざ貴重な時間と労力を使って叱ってくれているのですから、その**上司は部下のことが、むしろ好きである**と考えるべきです。

叱られたとき、「心」ではなく「頭」でとらえると、叱ってくれていることがいかにありがたいかが見えてきます。

何より「心」の健康に気を配る

長く仕事をするために必要なこと

仕事をする上で、**私が最も大切にしているのは「心身の安定」**です。

とにかく健康第一。特に「心の安定」は重要です。

ビジネスパーソンは、ビジネスの「プロ」です。しかも実働期間は40年ほど。なかなかに長い時間、活躍し続けることが求められるプロだといえます。

プロスポーツ選手が現役を長く続けるために、入念に体のケアをおこなうように、ビジネスパーソンもまた、**長く活躍し続けるためには、心身の状態を高いレベルで安**

定させるために、健康に気を配ることが必要だと考えるのです。

社会に出て驚いたのは、心のバランスを崩して病気になり、休養を余儀なくされる人の多さです。

心の病気は、誰でもかかる可能性があります。重要な仕事をバリバリと成し遂げ、出世街道一直線だった人が突然、心を病むこともあり得ます。

しかも体の病気より再発率が高い。完治せず、ビジネスパーソンとして人生をがんばりたかったのに、病気がきっかけでがんばれなくなってしまう人もいます。

ビジネスパーソンが心を病んでしまうのは、まさにプロスポーツ選手が大ケガをして、現役復帰を危ぶまれる状況に追い込まれるようなものだと思うのです。

心身の健康、特に「心の健康」には、いくら配慮しても、配慮しすぎることはありません。

執筆しながら、本書に記している「大切にしたいこと」は、ビジネスパーソンとして**「高いパフォーマンスを発揮するためのルール」**であるとともに、**「心の健康を保つためのルール」**であるようにも思えてきました。

「コントローラーは自分で握る」
「結局、すべては自分の責任だから、たいていのことは自分でコントロールできる」
「それでも、どうしてもコントロールできないことがあれば、それは誰にもコントロールできないことなのだから気にしない。あきらめよう」

こんなふうに考えると、他人に期待しすぎてイライラすることも、他人の言動に振り回されて疲弊することも、自分の無力感にさいなまれることもなくなります。

「叱られたら『心』ではなく『頭』でとらえる」。叱られている内容を冷静に、論理的に考えることで、建設的な改善へとスムーズに移行できます。

後の項でお話しする、「週報をつける」「ＴｏＤｏリストを作る」。頭の中にあるモヤモヤを紙に書き出し、「課題」に昇華させると、自分が何をやるべきかが見え、前向きに仕事に取り組みやすくなります。

「最小の力で、最短の時間で、最大の成果を出すためのルール」が、結果的には「心の健康を保つためのルール」でもある。

つまり若手社員にとっては、**「成果だけに集中する」ことが、仕事での成長につながるばかりでなく、心の健康にもつながる**ということなのです。

「復習」は不安解消ツール

不安を解消しつつ、知識を定着させる

学生時代、予習・授業・復習の中で**最も重要なのは「復習」**だと考えていました。本当に自分に知識が定着したのかを確認できるのが「復習」です。

知識が定着していることがわかれば安心できますし、まだ定着していないことがわかれば、もう一度問題を解いてみて、わからなかったら翌日、先生に聞けばいい。やはり安心できます。毎日毎日、勉強に対する**漠然とした不安を解消**しつつ、**自分の頭に確実に知識を定着させる**ことができる。復習ほど重要なものはありません。

そこに気づいた私は、ひたすら復習に力を入れると、めきめきと学力が上がってい

きました。「復習」は武器になる。私は悟りました。

勉強と同じく、**仕事も「復習」が重要**です。

毎日毎日、その日の仕事をじっくり振り返る時間はとれないかもしれませんが、1週間の中で1時間くらいなら、その時間がとれるはずです。

その週の仕事を振り返り、

- **できたこと**
- **できたけれど不安が残ること**
- **できなかったこと**

を書き出し、次の1週間にやるべきことを考えてみましょう。

「できたこと（自信）」と「これからの課題（次にやること）」が目に見えるようになることで、**仕事への漠然とした不安がなくなります。**やるべきことが明確になり、次の1週間も密度の濃い行動をとることができるようになるのです。

1年間を「52週」で考える

1週間ごとに「区切り」をつける

今さら言うことでもないのですが、ビジネスパーソンは忙しいものです。

年を重ねれば重ねるほど、1年経つのが早くなる。厳密にいえばそんなわけがないのですが、体感的には確かに、年を重ねれば重ねるほど、1年経つのが早くなる感覚があります。おそらくそれだけ、毎年、忙しさが増しているのでしょう。

365日は、あっという間に流れていきます。特に忙しい時期には、同じような日々が延々と続く感覚に陥ります。

そこで私は、1年を「365日」ではなく、「52週」ととらえるように心がけています。**1年を「52週」ととらえるだけで、不思議と時間が増えます。**

前項で述べたように、忙しい中で、その日その日の仕事をじっくり振り返る時間をとるのはなかなか難しいものです。しかし1週間の中で1時間くらいならなんとかなります。

その1時間を利用して、仕事でよかった点や反省点を振り返る「復習」をし、いったん「区切り」をつける。すると、**前の1週間で生まれたモヤモヤを翌週に引きずることはなくなり、心は安定します。**

また、プロジェクトの方向性について仲間とやり合ってしまったり、取引先からこっぴどく叱られてしまったりといった日は、その日のうちに感情に折り合いをつけて振り返るのはなかなか難しいものです。

しかし1週間単位で振り返ると、時間が経っているので「あのときはカチンときたけど、よく考えたら確かにあの人の言うとおりだな」といったように、心に余裕が生まれて、素直な改善に結びつけやすくなります。いわば**「ダークサイド」に落ちづらくなる効果もある**のです。

1年を「365日」でもなく、「12カ月」でもなく、「52週」と考える。
言い換えると**1週間で区切りをつける**ということです。

金曜の夕方に1週間の振り返りをして、「今週もこんなことをして、こんなふうにがんばれた。お疲れ様でした」と自分をねぎらうのもいいでしょう。区切りをつけたので、週末は仕事のことをいったん忘れて思い切りリフレッシュできます。

そして、月曜日からまた「新しい1週間」を新鮮な気持ちでスタートさせるのです。

これこそが、「復習」の密度を高めて質の高い行動をとりつつ、**心の安定を保つコツ**です。

振り返りは「毎日」ではなく「週単位」で

振り返りを「単発」で終わらせないために

1年を「52週」ととらえる。

そして週ごとに振り返り、仕事に「区切り」をつけることで、行動の質を高めつつ、心の安定を保つ。この習慣を大切にしている私は、メンバーにも**「週報」をつけるよ**うすすめています。

サイバーエージェントという会社全体では「日報」が一般的であり、「週報」を推奨している部署はそう多くありません。しかし私は、「日報は書かなくてもいいから、週報だけは必ず書いて」とメンバーに伝えています。

上司への報告であれば、**「毎日1行だけ」**で十分です。


仕事を週単位でじっくり振り返る「復習」の大切さは、すでにお伝えしてきました。

さらに大切なのは、その振り返りを「単発」で終わらせないことです。1回やって終わりではなく、毎週のルーティンにし、**いつも心穏やかな週末を過ごしてほしい**のです。


週報は、1時間もあれば完成させることができます。

毎日振り返るのは大変ですが、週に1回、1時間程度なら、継続できる気になってきます。

たとえ金曜日は疲れてしまって振り返る余力がなく、土日ものんびり過ごしてしまったとしても、月曜日の朝に、1時間くらいならばなんとか時間をとれるでしょう。

そこで、「面倒くさいなぁ」と思いながらでも、1週間を振り返る。それを続ける。

するといつしか「週ごとの振り返り」が習慣になっていきます。

週報で「ズレ」を修正する

週報は、**「自分が抱いている課題」と「上司が抱いている課題」のズレを修正する格好のチャンス**でもあります。

よくあるのが**「優先度」のズレ**です。

自分では「来週はこれに取り組もう」と考えていても、上司は「いやいや、こっちを先にがんばってくれ」と思っている。仕事の経験の浅いうちは、このようなズレが生まれがちです。

毎日バタバタと提出して、バタバタとチェックする日報では、このようなズレに気づきづらいものですが、じっくりと振り返って記し、じっくりと読める週報であれば、ズレに早めに気づき、フィードバックすることができます。

また、**「できた」の基準もズレやすいポイント**です。

週報に「A社への提案を考えた」とあったとします。

書いた本人としては、「考えた。よくやった」と思うかもしれませんが、上司にしてみれば、「考えた」は「提案書としてA社に送った」のか、「提案書を作った」のか、「提案書の案を作った」のか、「ただ単に頭に思い描いただけ」なのか、判断がつきません。

そして書いた本人は「ただ単に頭に思い描いただけ」で「考えた。よくやった」と思っていても、上司のほうは「『考えた』と言うからには、せめて提案書の案くらいは作っておいてくれよ」と考えるかもしれません。

「自分の行動」が他人から見て本当に的確なのか、**答え合わせをする**ような感覚です。

週報は、このようなズレを明確にし、修正するよい機会になるのです。

週報に「心情の変化」を書く

「ありのまま」を書いてこそ意味がある

週報は、メンバーそれぞれがあけすけに、ざっくばらんに書いてこそ価値がありま す。

テンプレのような内容、取りつくろったコメント。そういった週報に対し、上司からフィードバックをもらったとしても、書いた本人にとっては何の意味もありません。

私がリーダーを務めるチームでも、メンバーには心情の変化まで自由に書いてもらいますし、私自身がメンバーに提出する週報も同じく、**心の内面まで率直にさらけ出しています。**

この本の冒頭でお伝えしたとおり、**仕事は「自然体」で。いつもの自分のままでパフォーマンスを発揮するためにも、ありのまま書くことを推奨しています。**

私はたまに、自己嫌悪に陥ります。

例えば「昨期末に『会社としてここを目指さないといけないよね』と目標を立てたのに、今期も全然達成できていない」といった状況が起きると、「自分はいったい何をやっているんだ」と自分に嫌気がさします。同時に、経営陣全体としても「今の状態、よくないんじゃないか」とネガティブに考えたりすることがあります。

そのようなことも全部、週報でさらけ出します。

私が率先して内面を吐露することで、メンバーは「社長は今、こんなことを考えているのか」とつかむことができますし、「自分も内面を吐露していいんだ」と感じて自分をさらけ出してくれます。

あまり元気ではない。コンディションがよくない。ネガティブな内面ほど、吐露してもらえると上司はありがたいものです。**メンバーの仕事が思うように進んでいない**

原因がわかるからです。

週報にはありのままを書きましょう。そしてもしもリーダーの立場で週報を読むのなら、ありのままを受け止める度量を持ちましょう。

まずは内面を吐き出す。そして受け入れる。上司にも受け入れてもらう。こうしたプロセスが、個人のメンタルケアにもなるだけでなく、**職場に心理的安全性をもたらします。**

もちろん内面を吐露して終わりではありません。すべて吐き出したら、そこから「じゃあどうすればいいか」と**思考のスイッチを入れて、改善策を考え、次のアクションにつなげる**のです。上司からのフィードバックも大いに参考になるはずです。

この繰り返しで、**メンタルの安定をはかりながら、仕事の精度を上げることができます。**

毎日のToDoリストで自信を育てる

「頭の中にあること」を徹底的に書き出す

漠然としたモヤモヤを、漠然としたまま抱えていると、心も頭も疲れてきます。

メールの受信トレイと同じく、**頭の中のモヤモヤも、毎日すっきり解消して眠りにつきたい**ものです。

漠然としたモヤモヤが「明確な課題」になると、「こうすればよいのか」という道筋が見え、心も頭も軽くなります。

モヤモヤを「明確な課題」にして見えやすくするために、私はよく、**自分の頭の中にあるものをすべて紙に書き出します**。週報もその一環です。

週報とあわせて、私が活用しているのが、**毎日の「ＴｏＤｏリスト」**です。
まずはとにかく、自分の頭の中にあるものをすべて紙に書き出します。「あの人に電話をしなければいけないのに、まだできていないなぁ」とか、「あのプロジェクト、時間がかかっているわりになかなか進まないなぁ。大丈夫かなぁ」といったモヤモヤを、どんなに小さなものでもすべて書き出すのです。形式は問いません。

頭の中の「受信トレイ」を0にするような感覚です。

書き出し始めると、２００、３００は余裕で出てくるはずです。それでよいのです。すべてを出し切り、頭の中が空っぽになったら、書き出したモヤモヤを「ＴｏＤｏ」に落とし込んでいきます。

慣れないうちは、とても時間のかかる作業ですが、頭の中に漠然としたモヤモヤがない状態を保つのは、仕事において究極の理想形です。その状態に自分を置くのは快適ですし、やるべきことはすべて紙に書き出しているわけですから、迷いもなくなります。

徹底的に「ＴｏＤｏリスト」を作る。**仕事への不安をなくし、自信をつける有効な方法**です。

ちなみに私の場合は、「ＴｏＤｏリスト」に書く**1日のタスクは5つから最大7つ**くらい。それほど多くありません。**無理せず継続するためには、数を多くしすぎないことも大切**です。

数を絞ることによって、おのずと仕事の優先順位付けもできます。書き切れないタスクが出てきたときは、「本当に自分がやるべきことなのか」「誰かの助けを借りたほうが早くないか」といったことも検討します。

「ＴｏＤｏリスト」を作ることで、日々の仕事力も上がっていくのでおすすめです。

ダレる時間を極力短くする

「しくみ化」で、ダレそうな自分を矯正する

人間誰しも、ダレることはあります。

体調が悪いわけではないのに、なんとなく気分が乗らない。休みたい。サボりたい。遊びたい。ダラダラしていたい。たまにはそんな日もあります。

ただ、ダレる時間が長くなればなるほど、それだけ生産性は下がります。ダレるのは人間的ではありますが、「人間だから、まあいいか」とダレる気持ちに身を任せていつまでもダラダラし続けていては、ビジネスパーソンとして活躍することは難しいでしょう。

では、ダレる時間を極力短くするには、どうすればよいのでしょうか。

ダレるのは「気持ちの問題」ですから、いったんダレてしまうと、気合い一つで立て直すのはなかなか難しくなります。

そこで**おすすめするのが「しくみ化」**です。


例えば、金曜日の午後になるといつも、土日の休みに向けて気分が舞い上がってしまい、なかなか仕事に集中できない人がいるとしましょう。

もしも私が、この状態に陥っていたとしたら、「金曜日の終業前に必ず週報を書いて、上司に提出する」という「自主的なミッション」を自分に課します。

自分で自分を制御できないから、ダラけてしまうのです。だったら**「上司」の力を借り、無理矢理にでも動かざるを得ない状況を作ってしまいます。**

私だったら、上司に「17時までに週報を提出します」などと宣言して、あとに引けない状況を作ってしまいます。

すると、ダレる時間は短くなり、自主的に1週間を振り返る習慣が身につき、上司には「なんだかこいつ、やる気あるな」と思われつつ、上司からのフィードバックまでもらえます。**まさに一石四鳥**です。

自分を「習慣」で支配する。これこそが「しくみ化」です。

ここまで読んでくださった方はお気づきだと思いますが、私は**やる気や気合いで仕事をコントロールしません。**前にお伝えしたとおり、それは不自然なことだからです。**やる気があってもなくても「できる方法」、それが「しくみ」**なのです。

「しくみ」を作るのがそもそもダルい。そう感じるようなら、単純な**「環境の調整」**をしてみましょう。

なんとなくスマホをダラダラ見続けてしまったり、通知がきたら気になってすぐにチェックしたくなってしまったりするようなら、スマホを目に見えるところに置かない。通知を切ってサイレントモードにする。カバンの中にしまう。

実に素朴な対策で、驚くほど集中力が高まります。

テレビにカバーをかける。昼食を食べすぎない。お菓子や甘い飲み物を買わない。仕事がある前の晩はお酒を飲みすぎない……など、「ダレる原因」となりそうなものをあらかじめ取り除くだけで解決することは結構多いものです。**どれも小さなことですが、効果は絶大**です。試してみてください。

仕事は基本、大変なもの

結果的には「楽しい」。でも過程は「しんどい」

学生から聞かれて戸惑う質問の一つが、「仕事は楽しいですか？」です。

もちろん、仕事は楽しい。ただ、「私の感じている『楽しい』のニュアンスが、この学生に伝わるかな」「遊園地で遊ぶように『楽しい』と思われて社会に出られるのも困るな」と考えたら、「楽しいですよ」と即答するのも躊躇してしまうのです。

仕事が楽しい。それは、さまざまな段階を踏んで困難を乗り越えて成果を出せたとき、達成感とともに抱く感情であって、**困難に立ち向かっている過程はやっぱり、大変で「しんどい」のが本音**です。

学生時代の部活と同じです。試合に勝ったり、大会に優勝したりしたときには「楽しい！　このスポーツをやっていてよかった！」と思うでしょうが、その過程の、地味な筋トレや走り込みそのものを「楽しい！」と思って取り組むのはなかなか難しいものです。

困難を乗り越えた先に「達成感」と「楽しさ」があるからこそ、毎日、楽しくもない地道な努力を積み重ねることができる。つまり仕事は基本的に「大変なもの」であると考えたほうが、どちらかといえば正解なのかもしれません。

世の中は「楽しさ」と「しんどさ」でできている

「何から何まで、四六時中楽しいだけ」といった仕事は、この世にそう多くない気がします。「楽しそうに見せる」のが仕事のようなＹｏｕＴｕｂｅｒでさえ、成果を出している人はみんな、再生数を稼ぐために企画や編集を練りに練っています。その**過**

程には必ず、「しんどさ」があります。

よく考えたら、「四六時中楽しいだけ」ではないのは、仕事や部活に限った話ではありません。趣味だってそうです。

「サッカー観戦」が趣味の人が、ようやくとれた休みに、応援しているチームの試合観戦にいったとします。でもその日は、ひいきのチームがボロ負けしてしまった。ようやくとれた休みに、わざわざお金を払ってまで、負け試合を見にいく。ここだけ切り取れば、「楽しい」はずがありません。

しかしその人は翌月、休みがとれ、チケットがとれたら、また応援にいくでしょう。「今度は勝てるはず」と信じ、スタジアムに向かうはずです。

自分が応援して、ひいきのチームが勝ったときの「楽しさ」を知っているからです。

どのような趣味にも、少なからず「大変」な部分があります。ゲームなどはわかりやすい例でしょう。それを乗り越える「楽しさ」があるから、人は趣味にハマるのです。

世の中のありとあらゆるものは、**「楽しさ」と「しんどさ」の半々でできています。**

仕事はその、最たるものです。

仕事のほとんどは「大変」だ。でも**それを乗り越えた先には「楽しさ」が待っている。**これくらいに考えておくと、「仕事がつまらない」と心が折れるリスクをあらかじめ抑えることができます。

コラム

一人の「思考時間」を作る

任される仕事が多くなってくればくるほど、仕事の「これから」についてじっくりと考える時間がなくなってきます。毎週、週報を書いていますから、1週間の仕事を振り返る時間は毎週、確保し続けられます。しかし、忙しくなればなるほど、責任が多くなればなるほど、**未来をじっくりと考える時間**が減ってくるのです。

危機感を覚えた私は、あるときを境に、**1週間の仕事の中に「思考」の時間をあらかじめ組み込む**ことにしました。1週間のうち4時間ほど。今は月曜日と水曜日の午前中をこの時間にあてています。

誰とも会わない、打ち合わせもしない時間です。よほどの急を要する突発事故が起きない限りは、一人で会議室にこもることにしています。

天才画家のパブロ・ピカソは、週に一度、誰とも会わない時間を設けていたそうです。

人気者だったピカソの家には、よく友人たちが遊びにきていました。ピカソはそのたびに、創作活動の手を止めて応対します。友人との時間は楽しかったのですが、せっかくまとまりかけていたアイデアが、友人と楽しく過ごすうちにどこかへいってしまうことも少なくありませんでした。

そのようなピカソを見た恋人は、ピカソに「誰とも会わない時間」を作ることをすすめたのです。

効果はてきめん。約束された「誰の相手もしなくていい時間」に思う存分アイデアを膨らませられるようになったピカソは、世界的な芸術家として名を馳せることになったのです。

毎日毎日、ひたすらに仕事に取り組むばかりでは、いつの間にか「ただ目の前の仕事をこなすだけ」になりかねません。それも大事なことですが、**より大きな挑戦をするため、新しいアイデアを生み出すための時間も大切**です。
いわば**未来の自分への「投資」**でもあります。

第6章

ひとつ上の仕事をするために大切にしたいこと

「より大きな成果」を出すために

入社1年目は、できないことができるようになるだけで、すべて「結果を出した」ように見えます。そのため、周りからの評価も甘くなる傾向にあります。

入社2年目以降となると、そうはいきません。**「最低限の働きはできる」ことを大前提として、さらに大きな結果を出すことが求められます。**

私は「まだ内定者の身なのに、社長」「まだ内定者の身なのに、大きな成果を出している」ということで注目を浴びました。しかしいざ、サイバーエージェントに入社してしまえば、私は単なる「子会社の一社長」。シンプルに、結果を出すことだけが求められます。

ここで、内定者時代より大きな結果を出さなければ、埋もれてしまう。それを防ぐために私が意識したのは、**「大きくて大切なことを一つだけやる」**ことでした。

成果を出している会社や、成果を出せる人を見ていると、「細かな仕事をたくさんやっている」わけではなく、「大きくて大切なことを一つだけやっている」ことに気づきました。

1990年代後半、ユニクロは「フリース」に一点特化して業績を大きく伸ばしました。その後、一時は業績不振に陥りますが、「ヒートテック」に再び一点特化して業績を回復します。

「下手な鉄砲も数撃ちゃ当たる」と言いますが、同時にたくさんではなく、ほかをすべて捨ててでも大切な一つに集中し、それだけに思いっきり取り組んだほうが、結果を出しやすくなります。

迷ったときは、ToDoリストを書き出し、最も重要なもの一つだけに、思いっきり取り組んでみましょう。

最も大きなインパクトのある仕事に、最も大きな時間と労力を注ぐのです。

「やりたいこと」を高らかに宣言する

有言実行のほうが、黙ってやるよりメリットがある

若いうちには余計なことは言わず、黙々と仕事をしたほうが上司に好かれると思っている人は多いようです。

しかし私は、あえて「逆」のやり方を提案します。

「やりたいこと」が出てきたら、堂々と、声高らかに公言しましょう。

「実力が伴っていないうちに大きなことを言っていいのかな」と、気になるかもしれません。公言することで「あいつは口ばっかり」「生意気だ」などと反発を食らうこと

もあるでしょう。

それでも、「有言実行」と「不言実行」の二択であれば、「有言実行」のほうがいい。「有言実行」には、「恥ずかしい」「反発を食らう」なんていう短期的な損を補って余りある**「長期的なメリット」がたくさんある**からです。


入社4年目。私は全社員の前で「サイバーエージェント（本社）の役員（専務）になりたい」と宣言しました。

……いや、「うっかり宣言してしまった」という表現のほうが正しいかもしれません。

サイバーエージェントには当時、2年に1回、役員が代わる制度があり、全社員総会の場で新役員が発表されていました。

以前から私は、本社の役員になって、サイバーエージェントという会社により大きく貢献したいと考えていました。社長の藤田から「新しい役員はいつも、全社員総会の直前に決めるんだ」と聞いていた私は、「まだ新役員が決まっていないのなら、自分が立候補してもいいのかな」と思い、社内SNSに「サイバーエージェントの役員

（専務）になりたい」と書き込んだのです。
会社全体が、大変な騒ぎとなりました。

私が現在の体制に不満を持っているのかと勘違いして心配した上司から、「飯塚、大丈夫か？　メシ食いにいこう」とご飯に誘われました。

ほかにもいろいろな人から、「飯塚にはまだ早い」「そんなに甘くない」「今任されている仕事すら完全にはできていないじゃないか。本社の役員になりたいと言う前にやることがあるだろう」と厳しい言葉もいただきました。

「大変なことになってしまった……」と当時は少しだけ後悔しました。

しかしここで重要なのは、**「本社の役員になりたい」という私の意思が、全社員に伝わったという事実**です。

「反発」の裏にある「応援」をくみ取る

決して興味本位で「本社の役員になりたい」と宣言したわけではありません。

現状の役員より大きな売上を作れる、大きな利益を出せる、事業領域を広げることができるという自分なりの考えや自負もありました。

ただ、私の「本社の役員になりたい」宣言がここまで大きな波紋を広げたのは、私の「自負」がまだまだ、周りの信頼を得ていなかったからにほかなりません。

ここまでは「有言」。

認めてもらうには、「実行」するしかない。

私はどのような仕事にも、今まで以上に「もっと大きな売上を作れないか」「もっと大きな利益を出せないか」「もっとビジネスの領域を広げることはできないか」と、真剣に考えて取り組むようになりました。

かつて「飯塚にはまだ早い」「そんなに甘くない」「なりたいと言う前にやることがあるだろう」と言っていた人たちも、「おう、飯塚、がんばってるか」と声を掛けてくれるようになりました。

私に「シーエー・モバイル（現：CAM。サイバーエージェントの関連会社。主にエンタテインメント事業を営む）の社長にならないか」というオファーが舞い込んだのも、この頃です。

思えば、「飯塚にはまだ早い」「そんなに甘くない」「今任されている仕事すら完全にはできていないじゃないか。本社の役員になりたいと言う前にやることがあるだろう」という言葉も、決して本気で「引き下がれ飯塚」と思って口にしていたわけではないのだと感じます。

私がそう言われた「後」でどのような行動を起こすのか、「お手並み拝見」という意味もあったのでしょう。私が本気で本社の役員を目指しているとわかると、みなさん快く応援してくれるようになりました。

「短期的な損」をガソリンに変換し、前進する

次第に、私を応援してくれる声が大きくなってくるのを感じました。

サイバーエージェントでは、役員が発表される全社員総会の前に、「誰が新役員になるか」の予想大会が毎回、公に行われます。

私が「本社の役員になりたい」と宣言してから2年後。その予想大会で、私を推す

票が驚くほど多く入っていたのです。自分でも「これはもしかしたら……」と手応えを感じてきました。

残念ながらその年に役員になることはできなかったのですが、さらに2年後、私は正式に推薦され、サイバーエージェントの専務執行役員に30歳で就任することになります。社内SNSでいきなり「役員になりたい」と宣言して社内をザワつかせてから、4年後の出来事でした。

「有言実行」というやり方は、「有言」の時点でほぼ確実に叩かれます。恥ずかしい思いもします。短期的には損します。そういうものなのです。大事なのは、「短期的な損」をガソリンに変換し、実行することです。**「有言実行」の価値は、「実行」にこそあります。**

周りに「自分がやりたいこと」を知ってもらえる。自分としても目標が明確になる。目標に向かって邁進していると、「あいつはやりたいことを実現するためにがんばっているんだな」と応援してくれる人も増える。

「長期的なメリット」を受け続けることで、結果として「有言」は叶いやすくなります。

「いつか誰かが引き上げてくれるのを期待して、地道にがんばる」だけでは、残念なことに、その思いはみんなには届きません。自分のやりたいことを誰かが汲んで、引き上げてくれるということは、実際、ほとんどないといっていいでしょう。

「こうなりたい」は口に出さないと伝わらないものなのです。

宣言をしてはじめて、「〇〇さんはそんなことを思っていたのか」と驚かれ、認識されます。これが第一歩です。

反対意見や厳しい言葉があっても、アドバイスだけはありがたく参考にさせていただき、大半は受け流しつつ、あとは淡々と実行すればいいだけ。宣言し、行動していれば、**助けてくれる人や応援してくれる人が必ず現れます。**

サポーターがいるほうが成功の確率は高まります。だから有言実行はお得な選択というわけです。コストもかかりません。勇気を持って一歩を踏み出してみてください。

小さくてもいいから、常に「ナンバーワン」を目指す

「1位」と「2位」とではまったく違う

仕事をするからには、個人でも、チームでも、とにかく「ナンバーワン」を目指しましょう。どんなに小さなカテゴリーでも構いません。「1位」を獲ることに大きな価値があります。

「日本一高い山は？」と聞かれたら、日本人の誰もが「富士山！」と答えられますが、「日本で2番目に高い山は？」と聞かれて即座に答えられる人は、ごく少数。ありふれたたとえ話ではありますが、真理です。**「1位」と「2位」では、人に与えるインパクトの大きさがまったく違う**のです。

私がはじめて仕事で1位を獲ったのは、シロクで立ち上げた、スマホのプッシュ通知機能・解析機能を提供するサービス「Growth Push（グロースプッシュ）」で、サービスを開始してすぐにシェアナンバーワンを獲得できました。

なぜ1位を獲れたのか。理由は至ってシンプル。

それは、**競合が誰もいなかったから**です。

自社以外に参加者が誰もいない競争で、1位を獲ったわけです。それでも1位は1位。立派なものです。収益面でも、大きな成果を得ることができました。

「そんな1位でもいいの？」と驚いた人がいるかもしれません。それでいいのです。

「チーム」として1位を獲るメリット

なんといっても、**1位だと認知されやすい**。

だから大きな収益を得やすい。これは「外部」に向けて大きなインパクトを与えられるがゆえに得られるメリットです。

加えて**「1位の獲得」は、「内部」にも大きなメリットをもたらします。**

「1位を獲った」という原体験を作ることによってみんなの自信がつき、チーム全体の士気も高まるのです。

いきなり競合がたくさんいる市場に殴り込みをかけ、3位、4位に甘んじて「勝てなかった」とモチベーションを削がれるくらいならば、最初は小さな市場を選び、確実に1位を獲って自信をつけたほうがいい。私はそう考えます。

1位という「事実」を手にし、1位を獲ったという「経験」を積んでから、より難しいことに挑み、そこでも1位を狙う。そのほうが、仮に挫折したとしても、「一度は1位を獲ったことがある」という確かな自信に立ち返り、もう一度立ち向かうことができるからです。

また、そもそも「1位を狙う」こと自体、**「チームの目標設計がシンプルになる」**というメリットがあります。

「3位以内を目指そう」より、「1位を目指そう」のほうがやはり、チームとしては一致団結しやすいですし、ゲームのようにわくわくしながらチャレンジできる。これは「Growth Push」で1位を獲ったときに、改めて実感したことです。**「努力」を「楽し**

いこと」へと転換させてくれるのが「1位を狙う」という目標なのです。

「個人」として1位を獲るメリット

チームのみならず、個人としても「1位」を目指しましょう。
メリットはチームで1位を目指すことで得られるものと同じです。

個人として1位を獲るメリットは

①周囲にインパクトを与えられる
②自信がつく
③目標設計がシンプルになる

の3点です。

サイバーエージェントに入社したとき、私はすでに、**「この会社の最年少記録を全部獲ってやろう」**と決意を固めていました。

私の2つ年上の先輩に、入社1年目で子会社の社長を任された方がいます。入社前からその話を聞いていた私は最初、その方を目標として、「自分も、入社1年目から子会社の社長を任されるビジネスパーソンになろう」と考えていました。

しかし期せずして、サイバーエージェントのインターンシップで気の合う仲間と出会い、アプリを作ることになり、そのアプリを基軸として会社を立ち上げることになり、私はその会社の社長になりました。入社前の「内定者」の身でありながら、私はあれよあれよという間にサイバーエージェント子会社の社長となってしまったのです。

せっかく「最年少の子会社社長」となってしまったのだから、どうせならここから先、すべての最年少記録を塗り替えてやろう。できるかどうかはわからないけれど、チャンスは1回なのだから挑戦する価値はある。私はそう考えたのでした。

「最年少記録」とはつまり、その会社で「突き抜けた実績」を叩き出すということです。まだ経験に乏しい若手社員にとって、これができれば大きな自信になります。

さっそく、21歳で最年少の子会社社長になった途端、私に対する周囲の反応が大きく変わりました。メディアからの取材依頼も次から次へと入りますし、社内でもみんなが私の顔と名前を覚えてくれるようになりました。

「記録を打ち破る」とか「何かで1番になる」といったことには、大きな意味があるのだ。私は実感しました。

最年少記録を獲るというのは、私がさまざまな巡り合わせに恵まれていたから目指せたことです。

ただ、個人として「1位」を獲るためのカテゴリーは、「最年少記録」以外にもたくさんあります。そしてそれは、必ずしも「社内で売上第1位」のような、大々的なものである必要はありません。

- **企画書の提出本数第1位**
- **会社の代表電話に出た回数第1位**
- **新しくリリースされた他社製品に詳しく、社内への情報共有スピード第1位**

いずれも、周りの人たちの役に立ち、会社への貢献となる、立派な「1位」です。

周りの人たちの役に立ち、**会社への貢献となる「第1位」であれば、必ず認められ**

る日がきます。

たとえ一つひとつのトロフィーは大きくなくても、周りの人たちや会社に貢献する**「1位」を積み上げていくことで、確かな自信にもつながります。**

「連覇」は考えない。すぐに次のナンバーワンを探す

一度ナンバーワンを獲り、周囲から認められたら、ひとまず目標達成です。1位を「連覇」「防衛」しようとはせず、**次のフィールドに攻め込む**ことを考えましょう。**すぐに切り替えて、新たな「ナンバーワン」を獲りにいくのです。**

不思議なもので、どんな小さなカテゴリーでも「この人がナンバーワンだ」「このチームがナンバーワンだ」と認められると、2位以下の人たちは意外と簡単にあきらめてくれます。大した努力をしなくても、ナンバーワンを維持できる状態に突入するのです。

それなのに、すでに獲得したナンバーワンを防衛することばかりを考えていては、成長や進歩がありません。ゲームでいえば、「1－1」をクリアしても「1－2」に進

まず、いつまでも「1－1」を繰り返しプレーして、そこでのスコアアップやアイテム獲得に夢中になってしまうようなものです。

ビジネスパーソンとして成長するには、新たな挑戦を求め、次に狙えるナンバーワンを探し、新たな努力を重ねましょう。そして**「1位」の数を増やしていく**のです。

上司には「結論」から、メンバーには「過程」から話す

メンバーとは「文脈」を共有する

「ビジネスシーンでは、最初に結論を話すのがよい」と一般的にはいわれますが、現実には必ずしもそうとは限りません。

上司に対しては確かに、結論から話したほうがいいです。しかし私は、メンバーに対しては、**あえて結論から話さず「過程」を丁寧に伝えたほうがいい**と考えています。

メンバーに対して「結論」から話してしまうと、意思決定の「文脈」が十分に伝わらないおそれがあるからです。

あなたがリーダーを務めるチームに、1億円という売上目標が課せられたとします。

会社としては、業界での認知度を高めるために、来期は最終利益を度外視してでも、売上を伸ばしたい。これが結果的に、2期先、3期先に大きな最終利益を出すことにつながる。そのような意思決定が行われ、あなたの部署にも、昨期より大きな1億円という売上目標が降ってきたのでした。

メンバーは自分を含めて5人。単純計算で、メンバー1人あたり2000万円が売上のノルマとなります。


メンバーに対し、これを結論から話すとどうなるでしょうか。

「チームの来期の目標は1億円。そのためには1人あたり2000万円の売上を立ててほしい。なぜかというと……」

あなたがまず結論を伝えた後、その結論に至る「文脈」をメンバーに話そうとしても、メンバーはきっと上の空でしょう。


「えっ、チームで来期目標1億円？」

「1人あたりの売上目標2000万円!?」

この**「1億円」と「2000万円」の数字のインパクトが大きすぎるため、その後の話が頭に入ってこない**のです。

意思決定の「文脈」がメンバーに伝わらないのは恐ろしいことです。

メンバーによっては、「1人あたりの売上目標2000万円」を絶対のものとしてとらえ、達成できるかどうかギリギリのところに追い詰められたときに「どんな手を使ってでも達成しよう」と、コンプライアンスに触れる手段を使う人も出てきかねないからです。

仮に、メンバーの1人がコンプライアンスに触れる手段を使って「部署として来期目標1億円」「1人あたりの売上目標2000万円」を達成したとして、のちにメンバーが使った手法が大きなトラブルとなって露呈し、社会に知れ渡る大問題となったらどうなるか。「業界での認知度を高めるために、来期は最終利益を度外視してでも、売

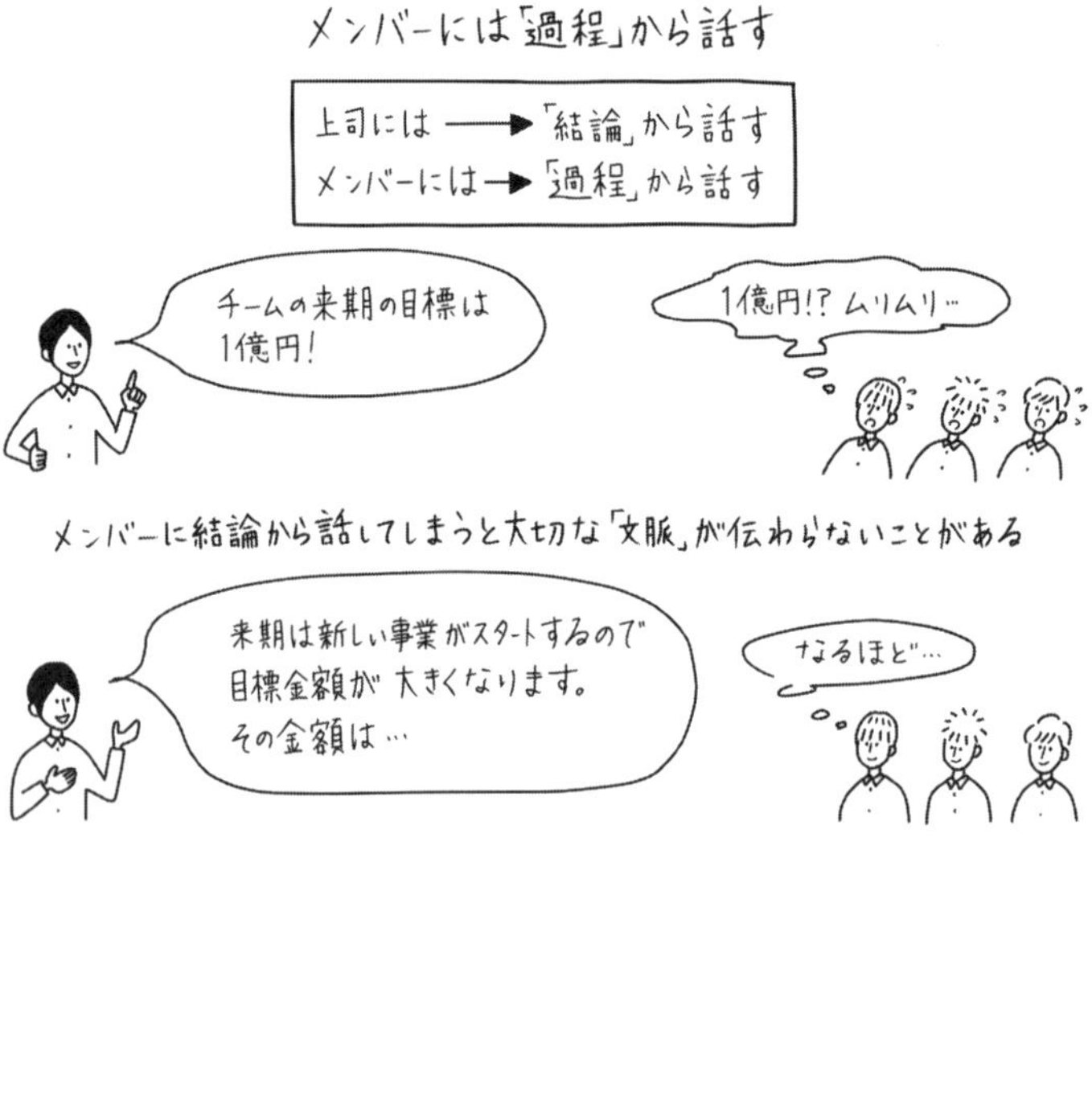
メンバーには「過程」から話す
上司には→「結論」から話す
メンバーには→「過程」から話す
チームの来期の目標は1億円！
1億円!?ムリムリ…
メンバーに結論から話してしまうと大切な「文脈」が伝わらないことがある
来期は新しい事業がスタートするので目標金額が大きくなります。その金額は…
なるほど…

上を伸ばしたい」と考えていた会社の方針とは真逆の方向に進むことになります（違った形で認知はされるかもしれませんが……）。

売上目標を達成したのに、その売上目標を課した真の目的を果たせない。これでは本末転倒です。だからこそ、**メンバーに対しては「結論」よりも「過程」を先に話し、しっかりと共有するように努める**のです。

「妥協点」だけはしっかり握っておく

ギリギリのところで、売上目標を達成できないかもしれない。

ここで**「何を妥協するか」が大事なポイント**です。

もしもメンバーが、売上目標を「絶対的なもの」として考えていると、売上目標を達成できるかどうかのギリギリのところで、「ほかの要素をおろそかにしてでも、売上目標を達成しなければ」と暴走しかねません。先に述べたように、「目標を達成したのに、会社としてはうれしくない状況に陥る」可能性も出てきます。

一方、「高い売上目標を掲げるのは、業界での認知度を高めるためである」という文脈をメンバーと共有できていれば、メンバーは「会社として、社会的な信用を失うのは絶対に避けたい」と認識してくれます。「危ない橋を渡れば、売上目標は達成できるかもしれない。しかし、コンプライアンスは絶対に守らなければならない」と、たとえ売上目標を妥協してでも会社にダメージを与えかねない行動を自制してくれるでしょう。

文脈を共有することで優先順位がわかります。「何が一番大事か」「何を妥協してもいいか」も共有でき、メンバーが間違った行動を起こすおそれがなくなるのです。

自分がメンバーの立場であり、リーダーからの指示が「結論」のみで文脈も意図も見えない場合はどうすればいいか。自分なりに仮説を立てつつ

「これは○○のためにおこなう、という理解で合っていますでしょうか」

などとリーダーに確認するとよいでしょう。

上司には「結論」から、メンバーには「過程」から。「最初に結論を話すのがよい」という固定観念に縛られていると、大きなトラブルに巻き込まれる可能性もあるのです。

上司を「マネジメント」するのも仕事

「ボスマネ」にはメリットしかない

上司も人間です。それぞれ性格は違いますし、それに伴って求める情報や相談事も変わってきます。「超重要な局面だけ相談して。あとは好きにしていいよ。むしろ細かなことはいちいち相談しないで」と考える上司もいれば、「細かな意思決定から、逐一自分に相談してほしい」と考える上司もいます。

そのため部下としては、**「上司によって、求める情報や相談も変わってくる」ことを前提に動く**必要があります。

上司が部下の性格に合わせてマネジメントするように、部下の側にも「上司をどうマネジメントするか」という視点が求められるのです。

私はこれを、「ボスマネジメント（ボスマネ）」と呼んでいます。

小さなことですが、**ボスマネの視点を持つだけで、成果の出方や仕事のやりやすさは大きく変わってきます。**


上司から、「進行中の企画Aの見通しを教えて」と言われたとします。

もしも日ごろからボスマネをしていないと、上司がどのような情報を求めているかがわからないままですから、かかるコストの見通しや完了時期の見通し、売上の見通しなど、ありとあらゆる「見通し」に関する資料を作ることになってしまいます。

しかし、日ごろからボスマネをしていて、「この上司は、コスト管理に厳しい上司だな」と把握していれば、「かかるコストの見通しについては詳しく報告し、あとはざっくりと報告して、突っ込んで聞かれたらそのときに答えればいいな」と、提出する資料を**カスタマイズ**できるようになります。

報告のための資料作成にかける時間も少なくてすみますし、上司からは「的を射た報告だな」と評価されます。効率よく仕事が進められ、メリットしかありません。

ボスと良好な関係を築く

実は私は、かつてはボスマネが上手ではありませんでした。

サイバーエージェントの子会社社長である私にとって、上司は親会社の社長・藤田です。

私はシロクの社長になった当時、まだ「サイバーエージェントの内定者」の身でしたから、社長としてシロクの方針を決定するにしても、最終的には親会社の許可が必要なのだろうと考えました。

私が「ゴー」だと思っても、親会社の社長である藤田が「ストップ」と言ったら、ストップするべきだ。私はこう考えていたのです。

しかし、一つひとつの案件について藤田に許可をとろうとすると、藤田は語気を強めて言いました。

「なぜいちいちそんなことを聞くんだ、全部自分たちで決めていいに決まっているじゃないか」

藤田は、「細かな意思決定はすべて子会社社長に任せ、社運がかかっているような大きな意思決定のみ相談されることを求める」という性格の上司だったのです。にもかかわらず、些細なことまで「お伺い」を立ててしまった。多忙を極める上司からすれば、すべて不要なやりとり、無駄な時間です。はっとしました。

私はそれ以来、藤田とは**「相談ベース」ではなく「報告ベース」のコミュニケーションを心がける**ようになりました。

もちろん、相手が何でも把握しておきたい、常に部下からの相談を求める上司だった場合は、私の行動は大正解だったはずです。しかし藤田は、そうではなかった。相手への想像力、つまり**「他者想」を働かせ、上司に合わせた行動をとる「ボスマネ」の視点**が、当時の私には欠けていたのでした。

もしも、自分がよかれと思ってとった行動が、上司の意に沿わなかったと感じたときは「なんだよ。せっかくよかれと思って早めに相談したのに」と考えるのではなく、**「自分が提供した行動と、上司が求めている行動が違ったんだな」と考える**と、よりよい関係を築く道が開けます。

上司に依存しない

「上司ガチャ」という言葉が広く使われるようになりました。

部下は上司を選べない。優秀な上司につくことができるか、無能な上司につくことになってしまうかは運次第……このような状況を、どんな景品が当たるかわからない「ガチャ」にたとえて使われる言葉です。

確かに、優秀な上司も無能な上司もいます。そして、どの上司のもとで働くことになるかは、運の要素にも大きく左右されます。

ただ、どんなに無能な上司のもとで働くことになっても、それは「自分が最高のパフォーマンスを発揮できないこと」の言い訳にはなり得ない。私はそう考えています。

上司も人間です。**「完璧な上司」などこの世に存在しません。**自分の親が完璧でないように、上司もまた、完璧ではありません。

そして、**上司は常に入れ替わる**可能性があります。

そのような上司に自分のパフォーマンスを左右され、同時に周りからの評価も左右されてしまうのは、とてももったいないことだと思うのです。

今すぐ、上司に依存するのはやめましょう。いっそ上司という存在をデスクトップアイコンのように思ってしまえばいい。必要なときだけダブルクリックして「自分の成果のために利用するもの」くらいの感覚で考え、**「上司がいようがいまいが関係ない」と、淡々と自分のパフォーマンスを発揮することに集中する**のです。

人にはそれぞれ癖がありますし、長所も短所も人それぞれです。どっちもあるのが人間であれば、**長所だけを使わせていただく**。これも立派なボスマネです。

ボスマネは、自分のやりたいことを、最小の努力で、最短の時間で叶えるためにとても有効です。若手社員にとっては、上司の力を借りることが、成果を出す近道になるからです。

自分の意見を通すには、**地ならし**が必要です。

相談してほしい系の上司には、「こんなことをやりたいと思っているのですが、どう思われますか。アドバイスをいただきたいのですが」と早い段階で相談し、売上主義の上司には「これだけの売上増が見込める」と数字のシミュレーションを見せながら事前説明をする。新しいことに二の足を踏む保守系上司には、「かつて部で似たようなケースがあり成果が出ています」と前例を示しながら話をする。

このように、**上司の系統に合わせて、事前に話をつけておくことが「ボスマネ」**なのです。

時間をかけて練り上げた提案を、提出する直前で上司に「待った！」と言われるなんて無駄の極みです。だからこそ、毎日、地道にボスマネをして、上司と良好な関係を築いていきましょう。

「フォロワーシップ」を発揮する

リーダーシップをとれないなら「フォロワーシップ」に徹する

成果を出す組織に所属する人は、必ず2種類に分かれます。

- **リーダーシップを発揮する人**
- **フォロワーシップを発揮する人**

リーダーシップとは、あるべき方向に組織を先導する力のこと。

フォロワーシップとは、**リーダーをサポートしながら、あるべき方向に進むようほかのメンバーに働きかける力**のことを指します。

すでにお話ししているように、リーダーシップは「スキル」として身につくものだけではありません。ある状況下に置かれたときに、自分の中から自然に発揮される能力もリーダーシップです。同じ人でも、**取り組む課題や構成されるメンバーによって、リーダーシップをとれたり、とれなかったりといったばらつきが起こるのが普通**です。

一方、**フォロワーシップは、本人の意識次第で誰でも発揮できる能力**です。

仮にリーダーシップをとれなかったとしても、フォロワーシップを発揮することで、成果を出す組織の一員として貢献できます。

- **リーダーが決めたことを率先して実行する**
- **リーダーが導く方向に進むようメンバーに働きかける**

このように周りのことを考えてフォロワーシップを発揮できる人は、リーダーシップを発揮できる人と同じく尊いですし、大切にしたいと感じます。

シロク創業メンバーの一人に、私と出会うまでは、どのような組織でもほぼリーダーになっていた人がいます。

ありがたいことに私のリーダーシップに感銘を受け、「これからは、リーダーはすべて飯塚に任せたほうがいい。自分はフォロワーシップに徹しよう」と決意を固めたといいます。

その言葉通り、彼はシロクの中で素晴らしいフォロワーシップを発揮し、チームを支えています。

リーダーシップとフォロワーシップ、同等に価値がある

リーダーシップとフォロワーシップ。一般的には「リーダーシップをとれる人のほうが重宝される」と思われがちですが、私は**フォロワーシップも同じように価値のある能力**だと考えています。

20代からリーダーの立場にいるため、フォロワーシップの重要性について誰よりも

強く感じているのかもしれません。

就職活動のグループワークやグループディスカッションを想像するとわかりやすいでしょう。

「何が何でもリーダーの座をとらなければ採用されない」と考えているかのように、無理をしてでもリーダーシップを発揮しようとしている人も見受けられます。

しかしそれで結果がついてくることは稀。ほとんどの人が空回りや悪目立ちするばかりで不採用となっていきます。

また、運よく「無理して発揮したリーダーシップ」が功を奏して採用されても、入社してからリーダーシップを発揮できず、ミスマッチに苦しんで潰れてしまう人もいます。

どちらも、とても残念なことです。

成果を出す組織にはリーダーシップもフォロワーシップも両方必要なのですから、**無理してリーダーシップを発揮しなくてもいい。自信を持ってフォロワーシップに徹すればいい**のです。リーダーシップもフォロワーシップも発揮しようとしない人より、明らかに評価されます。

リーダーシップとフォロワーシップ。

自分という人間はどちらを発揮するほうが自然なのだろう、そして今いるチームの中でより貢献できるのだろう。常に見極めることが大切です。

ただし、**思い込みは禁物**です。

例えば、あるプロジェクトチームが発足したとします。チームで一番年下だし、リーダーシップはないと思っている入社2年目のAさんがいます。

しかし、チームメンバーの中で、そのプロジェクトのスタート時に関わっていた人はAさんだけ。しかもプロジェクトのコンセプト立案にも関わっていました。

ほかのメンバーは、どちらかといえばAさんの考えを実行に移すようなエキスパートという印象です。となると、今いるメンバーの中ではAさんがリーダーになるのが自然な流れ、Aさんは最もリーダーに適任であるといえます。

このように**場面に応じてリーダーシップが求められる**こともあります。

「リーダー経験がないのに、チームリーダーをやれるのだろうか？」

心配することはありません。**自然な流れに乗るのが自然**です。気負いすぎずにリーダーシップを発揮しましょう。あとはメンバーにフォロワーシップを発揮してもらえるよう、彼らを信じて頼って任せればいいのです。

はじめてリーダーシップを発揮する場面がきたら、こんなふうに肩に力を入れすぎず進めていくのがいいでしょう。

「責任感の面積」をじわじわと広げる

「CC」メールは「自分あて」と考える

「自分に関係ないことをいかに理解するか」が、ビジネスパーソンとして成長し続けられるか否かの分かれ道です。

「自分に関係のあること」しか理解しようとしない人と、「自分に関係ないこと」も理解しようとする人の間には、**仕事における「理解力」に大きな差が生まれる**からです。

「自分に関係ないこと」を理解するトレーニングとしておすすめなのが、社内で起こっているすべてのことを「自分に関係のあること」として考えることです。

例えば「自分が担当者だったら、どうする？」とシミュレーションするのです。「なんか上司たちが『このままでは売上目標に○億足りない』とピリピリしているな」「なんか営業部の担当店舗替えで揉めているな」と他人事ですませるのではなく、「自分が上司だったらどうするだろう」「自分が営業部だったらどうするだろう」と考える。今より少し、「責任感の面積」を広げてみるのです。

「それはちょっと、ハードルが高いな……」と感じた人は、「ＣＣ」で届くメールや、グループチャットでほかの人あてに投げかけられている話を、すべて「自分あて」と考えるところから始めてみましょう。

メールの発信者が、何の意図もなくあなたをＣＣに入れることはありません。別の人あてに「Ｔｏ」と送っているメールでも、あなたをＣＣに入れるからには、**「あなたにも読んでほしい」という意図**が込められています。

その意図を読み取り、

- **上司はこんなとき、このように動くんだな**
- **自分が担当者だったら、こう動くけどな**
- **知らせたほうが良さそうな情報があるので、発信者に別メールで送ろう**

などと自分なりに考える人と、

● わけのわからないメールがCCで次から次へと送られてきて、うざったいなとスルーしてしまう人の間には、いずれ大きな差が生まれます。

「責任感の面積」が自分の半径1メートルしかないか、それとも部署全体、あるいは会社全体を覆うほどに大きいものなのか。

その差はそのまま、自身の成長スピードとリーダーとしての資質に関わってきます。

「責任感の面積」が自分の周りにしか及ばない人が仮に組織のトップになっても、リーダーシップを発揮するのはなかなか難しいもの。「自分のことしか考えていないリーダー」は、メンバーからの信頼を得られなかったり、他部署のリーダーからの人望がなかったりするケースが多いといえます。

いざリーダーになってから「責任感の面積」を広げようと思っても、もう遅いのです。ビジネスパーソンとして爆発的に成長したいのであれば、若手社員の頃から「責任感の面積」を広げるトレーニングをしておく。その**最適なトレーニング教材が「CCメール」**なのです。

社内の「共有フォルダ」を漁る

「責任感の面積」を広げ、社内のさまざまな部署の全容を把握するために、私はよく、**社内共有フォルダの中にある「上司用」のファイルを閲覧**していました。

会社の中で、各部署はどのような役割を果たしているのか。リーダーたちはどのような情報を持ち寄り、会社の方針にどのように応えようとしているのか。社内に「落ちている」情報を自ら拾い、勝手に上司になったつもりで「この部署をどう運営しよう」「この会社をどう運営しよう」と、若手社員でありながら勝手に考えを巡らせていたのです。

社内の人間しかアクセスできない「**共有フォルダ**」や「**共有ファイル**」**は、知識の宝庫**です。しかも使用料やテキスト代はかかりません。

勤務時間中にビジネス書を読んでいたら上司に怒られるでしょう。しかし、急ぎの仕事がない限りでは、社内資料を読むことを注意する上司はいません。つまり、**仕事中に堂々と勉強ができる**ということです。

経営資料などに目を通したとしても、若手社員ですから、知識も情報も経験も足りず、わからないことはたくさんあるでしょう。

ここがポイントです。

上司として考えるときに、**足りない知識・情報・経験**は何なのか。足りない部分さえわかれば、あとで補えるからです。この**「気づき」こそが学び**なのです。

上司の「疑似体験」をする

私はひたすら、いろいろな部署の「上司」に勝手になりきっては、考える上で足りないピースを埋めるべく勉強していきました。人知れず、**上司の「疑似体験」**を重ねていたのです。

「疑似体験」が活きたのは、スマホ向け恋活・婚活マッチングアプリ「タップル」を運営する株式会社タップルの社長を任されたときのことです。

私は社長として着任後すぐ、改革に向けて動き出すことができました。

スピーディーに動き出せたのは、私がタップルの**社長としての「疑似体験」をあら**

かじめ重ねていたからにほかなりません。

サイバーエージェントグループでは、月1回、各子会社の社長が全員集まり、事業報告をする会議をおこなっています。会議の参加者は、各子会社の概況を資料で見つつ、それぞれの会社の社長から直接、細かな説明を聞くことができるのです。

私は毎月の会議で、各子会社の資料に目を通しつつ、社長の説明を聞きながら、「自分が社長だったら、どうするか？」と、全社について考え続けていました。だからこそ、「タップルの社長を任される」という大きなチャンスが回ってきたとき、私は「やったことはありませんので……」などとあせることなく、すんなりと引き受けることができ、即座に改革の手を打つことができたのです。

チャンスは、いつ回ってくるかわかりません。

突然、「お前に頼む」と**チャンスが回ってきたときに活躍できるかどうかは、日ごろから準備をしているかどうかにかかっています**。「責任感の面積を広げる」ことは、決して無駄にならない大切なトレーニングなのです。

ビジネスは高速ガチャを引きまくるようなもの

迷うヒマがあったら、とにかくくじを引け

仕事の中で、「迷っている時間」ほど無駄なものはありません。

すぐ決めて、すぐ実行しましょう。

ビジネスは「当たりくじが入っているガチャを、高速で引きまくるようなもの」だと、私は考えています。

当たりは確実にある。そして時間には限りがある。ならばとにかく、次から次へと、当たるまでくじを引き続けることが最重要事項でしょう。「どのくじを引こうかな」と迷う時間は、まるまる無駄になります。

ある程度以上のクオリティを担保できているのであれば、仕事は結局、運です。

「新規事業を軌道に乗せるにはどんなコツがあるのですか？」とよく聞かれますが、そのたびに私は「運です」と答えています。

「当たりくじを引く」という運をコントロールするには、「くじをたくさん引く」以外にありません。

決断の速さは「リーダーシップ」の源泉となる

意思決定を速くおこなうことにより、「実行」に多くの時間を割ける。つまり、多くのくじを引くことができるようになります。

加えて、「意思決定が速いこと」そのものが、ある種のリーダーシップを生みます。**人は、「決断の速いリーダー」についていきやすい**のです。

タップルの社長を引き受け、改革をおこなったときに、実感しました。

私はタップルの社長として着任してすぐに全社員と面談をおこない、一人ひとりに会社のことや働き方について聞き出しました。そこで、会社が向かうべき方向についての見解がバラバラなことに気づき、その週のうちにすべての戦略を決めて全社員と共有しました。

同時におこなったのが、組織改革です。

全社員と面談後、私は役員の総取っ替えに踏み切りました。


人事は、会社の中で特にデリケートな問題です。

それも、役員を総取っ替えするとなると、なおさらです。役員一人ひとりにも、人生があります。それでも、会社と社員の今後を考えると、経営の中枢を担うメンバーは代えたほうがいい。これが、私が全社員と面談して得た答えでした。


迷いました。しかしもう「答え」が出ている以上、あとはやるしかないのです。

意思決定単体での「満点」は存在しません。結果が出てはじめて、その意思決定は「満点」になるのです。

つまり、**意思決定自体は早めに下し、残りの時間と労力をすべて、結果を出すことに注げばよい**。原理はいたってシンプルです。

組織改革直後はハレーションも起きましたが、結果的には、タップルの業績回復につながり、社員からも「働きやすくなった」という声を多くもらいました。

AとB、2つの選択肢があり、どちらを選ぶべきか迷っているとします。

AかBか、どちらが正解かを考えるのにじっくりと時間を割くのが、一番もったいない。

迷うからには、おそらくどちらを選んでも「正解」であり、うまくいくかどうかは「実行」次第なのです。

まずはAを選び、やってみる。うまくいかなかったらBを試す。これがビジネスにおける意思決定の最適解です。

実は「決断」そのものに価値はない

「お腹をすかせたロバ」は、なぜ餓死したのか

ビジネスの世界で差を生むのは、「戦略」ではなく「実行」です。

「何をやるか」は、大した問題ではありません。**「やるか、やらないか」「やり切るか、やり切らないか」で大きな差がつく**のです。

フランスの哲学者、ジャン・ビュリダンにまつわる興味深いたとえ話を聞いたことがあります。

お腹をすかせたロバが、二股に分かれる道の分岐点に立っています。

左の道を数歩進んだところに、干し草の山が見えます。右の道にも同じく、数歩進んだところに干し草の山が見えます。

どちらの干し草がよりおいしそうか。ロバはとても迷います。

左の道の干し草を食べようと一歩踏み出すと、「いや、待てよ。右の道の干し草のほうがおいしいのではないか」と思い直す。右の道の干し草を食べようと一歩踏み出すと、やっぱり左の道の干し草のほうがおいしそうに見えてくる。

ロバは迷いに迷い、結局、二股に分かれる道の分岐点で餓死してしまいます。

「死ぬくらいにお腹がすいているのであれば、何も考えずに左の道の干し草を食べてしまえばよいではないか」「食べてみてまずかったら、分岐点に戻って右の道の干し草も食べてみればいいではないか」。みなさんもそう考えますよね。

ビジネスも同じことです。「どちらの干し草を食べようか」と検討し、「こちらの干し草を食べる」と決めるだけでは何の価値もありません。干し草を食べて、つまり**「実行」してはじめて価値が生まれる**のです。

「実行をラクにする戦略」などない

「戦略が大切だ」と言っている人の主張をよくよく聞いてみると、「どこかに、もっと実行をラクにする戦略があるはずだ」と信じ込んでいるような気がします。

だから、ちょっとやってうまくいかなかったら「この戦略は間違っていた」と別の戦略を探し始め、いつまで経っても「やり切る」ところまでいかないのです。

実行をラクにする戦略なんて、この世にありません。

戦略は実行のショートカットではないのです。

どの戦略を選んでも、実行するのは大変なのです。

ならば、プランAかプランBかで迷うのは時間の無駄です。早くどちらかに決め、**「実行」により多くの時間とパワーを割くべき**です。

「戦略が大切だ」と考えている人は、ビジネスの世界ではまだまだ多いでしょう。それはつまり、あなたが**圧倒的な量の「実行」を愚直におこなえば、ビジネスの世界で**

簡単にトップクラスにのし上がれることを意味します。

前述のスマホのプッシュ通知機能・解析機能を提供する「Growth Push(グロースプッシュ)」というサービスもまさにそうでした。

BtoBに業態変更を決断してから2週間でサイトを作り上げ、すべての機能ができ上がる前にセールスを始めて、サービス開始してまもなくシェアナンバーワン、1位となり、事業を黒字化できました。

もしもあのとき、全機能が完成するのを待ってからセールスを開始していたら、たくさんの競合が出てきて、シェアナンバーワンを獲れなかったかもしれません。

「とにかく早くスタートしてやり切る」ことに集中するのも、ビジネスの世界では必要なことです。

「効率アップ」を目指しすぎない

目先の「効率」にとらわれると、本質を見失う

入社当初は苦労していたことが負荷なくできるようになり、「**よし、仕事にも慣れてきたし、ちょっとは成長したかな**」**と感じるようになったら、それは危険信号**です。

サイバーエージェントのある役員が、こんなことを言っていました。

「若手社員の多くは、いつの間にか、時間効率を高めることだけに傾注してしまう。8時間かかっていた仕事が4時間でできるようになったら、それで成長した気になって、浮いた時間をダラダラと過ごす。でも**ビジネスパーソンとして成長し続ける一握**

りの人間は、浮いた時間で新たな仕事へと進出し始めるんだ。時間効率だけにモチベーションを感じて、余裕綽々《しゃくしゃく》で仕事をこなし続ける人と、浮いた時間で新しい仕事に挑戦する人。もともとは同じポテンシャルだったとしても、その後の育ち方が全然違うんだよ」

この役員の意見に、私は全面的に賛同します。思えば私も、「スキあらば、自分の仕事の範囲を広げてやろう」と考え続けてここまできました。

新たな仕事に挑むには、時間も労力もかかります。時間効率だけを考えたら、確かに効率が悪い。しかし「自分が成長するための効率」を考えたら、「スキあらば、自分の仕事の範囲を広げてやろう」と新しい仕事に挑戦したほうが絶対にいい。**ひたすらに時間効率を追求し続けたところで、それは「新入社員にできる範囲の仕事を、ただ早めに仕上げられる人」にしかならない**からです。

目先の「効率」にとらわれると、本質を見失います。

ビジネスパーソンとしての成長は、新たな挑戦、新たなカオスの中にあることを忘れてはいけません。

「合理的」がいつも正しいとは限らない

「他者想」が欠如した合理性は正しくない

私がはじめて働いたのは、高校1年生の頃のことです。

引っ越し屋さんのアルバイトでした。新入りの私も、先輩アルバイトも、時給は同じでした。仕事の拘束時間も同じ。

「同じ時給・拘束時間なら、自分の作業はさっさと終えて合間にサボっていたほうが得だ」。そう考えた私は、スキを見てこっそり休んでいました。するとほどなく、先輩アルバイトに見つかり、こっぴどく叱られました。

仕事はちゃんとしていると、私なりに考えて編み出した「合理的でお得な働き方」

だったのですが、結果的には大失敗に終わりました。当然といえば当然です。

当時の私には、**「他者想（他者への想像力）」が欠如していた**のでした。引っ越し作業は一人でおこなうものではありません。作業現場には一緒に働いている人たちがいます。「さすがに一人でサボるのはよくない」と反省し、私は思考を切り替えました。**「みんなのために、自分が仕事をがんばって早く終わらせたほうが得だ」**と考えたのです。

引っ越しの仕事は、どんなに早く終わっても、拘束時間は変わりません。仕事が早く終われば、堂々とみんなでサボることができるわけです。

私はとにかく動き回り、さっき叱られたばかりの先輩アルバイトの方に、**「どうすれば仕事が早く終わるか」を聞きまくり、その教えを素直に実行しまくりました。**

先輩のアドバイスもあって、仕事は早く終わり、みんなで休憩という名のサボりができました。「サボるな」とあんなに怒っていた先輩アルバイトも、一日の仕事が終わる頃には、やけにかわいがってくれるようになりました。

「みんなが得をする合理性」を追求する

「合理的思考」で陥りやすいのは、**「自分だけが得になる合理的思考」**です。自分の利益だけを考えて実行したら、それは周りに不快さを与えるだけであり、仕事はうまく進みません。しかし**「みんなが得をする合理的思考」**を実行したら、みんなが喜び、仕事も早く終わったのです。

私は、**単純な「合理性」が常に正しいとは限らない**のだと学びました。

「他者想」を持たない「合理的な行動」は、かえって全体の生産性を下げます。

このことは、仕事において非常に大事なポイントです。

先ほどの引っ越し作業でいえば、一人だけサボっている人がいれば、ほかの人たちはおもしろくありません。「私もサボろう」という人が出てきてもおかしくありません。全員がダラダラしてしまう可能性さえあります。先輩が叱るのも当然です。

「みんなが幸せになるには、どうしたらいいだろう」と、常に「他者想」を発揮しながら「合理性」を働かせることではじめて、仕事の真の生産性は高まっていくのです。

行動の正しさは「時と場合」で変わるもの

善意を人に押しつけすぎない

藤田に**名前を覚えてもらえた日**のことを、私は今でもはっきりと覚えています。
まだ内定者だった頃のことです。取り寄せたお弁当を食べながら、藤田を含めた数人でおこなうミーティングの後半、みんながお弁当を食べ終わった直後に率先してごみを集めて回ったところ、藤田にほめられたのです。

当時の私には、打ち合わせの内容についていくだけの知識も経験も実績もなく、その場で貢献できそうなことは、お弁当のごみを捨てるくらいしかありませんでした。

ただそれだけの理由でごみを集めて回ったところ、藤田から「飯塚くんは気がきくね」と声をかけてもらったのです。

私は正直、「えっ、こんなことでいいの？」と思いました。

同時に、「こんなことで喜んでもらえるのだから、これからも続けよう。知識・経験・実績を積んでも、ずっと続けよう」とも思いました。実際に今でも、役員会でお弁当を食べた後、ごみを集めて回る習慣は続いています。

ただ、お弁当のごみを片づけるときに、私なりに気をつけていることが一つあります。

「何が何でも、自分がごみを片づけるのだ」という気合いを示さないことです。

人間、日によって気分はさまざまです。

たまには**自分のごみは自分で片づけてみたい気分のときもある**でしょう。

ごみを捨てにいくついでに、誰かに話しかけたり、何かちょっとした用事をすませたかったりするときもあるでしょう。

また、ちょっと機嫌が悪く、私の「若手なのでごみを集めてますよ感」が鼻につくときもあるでしょう。

あるときに喜んでくれた行動を、相手が常に喜んでくれるとは限らないのです。

自分の善意を、相手に押しつけすぎないように気をつけるのも、大切なことです。

周りを観察して「他者想」を発動し、「今日はごみを集めるのはやめよう」と判断することもまた、相手への気づかいなのです。

時と場合によっては「正しくない行動」に

上司から「君は電話をとるのが速いね。助かるよ」とほめられたとします。

基本的には、代表電話が鳴ったら率先してとるのが正しい行動です。

しかし、いつ何時でも、**何が何でも上司より先に電話に出るのが正しい行動かといえば、そうではありません。**

例えば、見覚えのある携帯電話番号から会社に電話がかかってきて、あなたが出て、上司につないだとします。

ところが、上司と相手が話し始めてから程なくして、電話が途中で切れてしまいました。どうやら相手方の電波状況がよろしくなかったようです。

数秒後、また同じ携帯電話番号から、電話がかかってきました。

ここであなたがまた、上司より先に電話に出てしまったら、どうでしょう。

上司はきっと、イラッとするでしょう。

その電話は、間違いなく上司あてのものだからです。


電話に限らず、**「基本的には正しい。ただ、時と場合によっては正しくない」という行動は、仕事の中の至るところに存在します。**

どう考えても正しい行動をとるのにも、常に他者への想像力を働かせ、空気を読む必要があるのです。

「この前ほめられたのと同じことをしたのに、今度は叱られた。この上司は本当にきまぐれだ」……そう憤る前に、**自分の行動がその場面で本当に適切だったか**を振り返ってみましょう。

「気がきく」のさらに上をいくには

してほしいと思っていることを、言われる前にさりげなくやる

「他者想」の話をたくさんしていますが、実は私は入社当時、あまり気のきかない若手社員でした。

みんなでお酒を飲むときも、私が一番年下であるにもかかわらず、予約は人任せ。率先してサラダを取り分けたり、誕生日の人がいたときに出てきたサプライズのケーキを切り分けたりすることもできませんでした。

私は私なりに、「自分よりもいいお店を知っている人がいるのなら、その人に任せよう」「料理に疎い自分が取り分けたり切り分けたりするより、料理に慣れている人に

任せたほうがお皿にきれいに盛ることができるだろう」と考えたつもりだったのですが、先輩からは「そういう問題じゃない。年下が率先してやるものだ」と一喝されました。

ならば、と、先輩たちのグラスが空いた瞬間にビールをつごうと待ち構えていたら、今度は「あまりチラチラとグラスを見るな。プレッシャーになる」と叱られる始末……。

仕事で叱られることはあまりありませんでしたが、仕事以外の場では、私の気のきかなさゆえに、周りの人をイライラさせることが多かったように思います。

「気がきく」とは、その人がしてほしいと思っていることを、言われる前に「さりげなくやる」ことです。

仕事では「他者想」を発揮できていた自分も、仕事以外の場では、他者への想像力が及ばないところがありました。「仕事以外の場でも、気がきく人になりたい」と思った私は、**「気がきく人」の行動を観察し、徹底的に真似する**ことにしたのです。

「自分がしてほしいと思っていることを、言われる前にやってもらった」場面を記憶（記録）し、自分も似たような場面で、似たような行動をとるよう心がけました。

私が最も衝撃を受けたのは、ある方の記念日で食事会をしたときの幹事の方です。みんなで食事をして、最後に記念撮影をしました。すると翌々日には、その写真が印刷され、フォトフレームに入れられて、私の元に届いていました。

「気がきく」も、突き詰めるとこの域にまで達するものなのかと感動したのを覚えています。

「気がきく」の最上級が「うれしいサプライズ」

サイバーエージェントには、半期に一度、役員とエース社員が会社の経営課題や新規事業についてアイデアを出し、議論を戦わせる経営会議があり、過去には1泊2日の合宿形式で実施していました。

旅行の手配は、決まった旅行会社に毎回、お願いしていたのですが、その旅行会社の担当の方もまた**「他者想」のプロ、劇的に「気がきく」人**の一人です。

数回目の合宿で、宿を訪れたときのことです。いつもはお酒ばかり入っている私の部屋の冷蔵庫に、このときはコーラが3缶入っていました。

私は、お酒をさほど飲みません。一方で、コーラは大好きです。だから私は、冷蔵庫のコーラを見て驚き、舞い上がりました。

担当の方が事前に気をきかせて、宿に「飯塚の部屋の冷蔵庫にはお酒ではなく、コーラを」と伝えておいてくれたのです。

私は担当の方に、「部屋ではお酒ではなくコーラが飲みたい」と要望を伝えたことも、「コーラが好き」と伝えたこともありません。

宴席であまりお酒を飲まず、コーラばかり飲んでいる私を見て、担当者の方が自主的に「部屋の冷蔵庫に入れる飲み物もコーラのほうがいいだろう」と考え、宿に手配をお願いしてくれていたのでした。

もはや**「気がきく」どころか「サプライズ」の域**です。

「気がきく」とはどういうことか。この担当の方と接するたびに、改めて勉強させてもらっている思いがします。

相手のやってほしいことを考え、先回りしてみましょう。**「気がきく」からさらに昇華して「うれしいサプライズ」を与えられたら満点**です。

「他人への嫉妬」とどう付き合うか

嫉妬は「目標」に書き換える

社内にライバルがいるのは悪いことではありません。すでにお話ししたように、目標とする**相手の「ひとつ上」を達成し続けることが、自身の成長角度を高めるわかりやすい方法**でもあるからです。

しかし、ライバルに意識が向きすぎると、「あいつさえいなければ、自分はもっと評価されるはずなのに……」「そうだ、あいつの足を引っ張ってやろう」といったような、よからぬ思考が働きます。

そうなる前に**「他人への嫉妬」は「自分の目標」に置き換えましょう。**

「ライバルがやっている仕事の質と量を自分が超えれば、結果的に上にいける」と考えるのです。

嫉妬という感情は、「自分のほうが相手より優れているはず（あるいは同じくらいなはず）**なのに、他者評価では自分より相手のほうが優秀だと思われている」ときに起こります。**

ここで「なんでもっと自分を認めてくれないんだ」と考えるとこじらせますが、「自分のほうが優秀なはずなのに、相手のほうが評価されるのはなぜなのだろう」とか「いや待て。相手のほうが自分より優れている部分があるはず。そこをハックしてやろう」と思考を転換させるのです。そうすれば、建設的な行動に移すことができます。

嫉妬を「学び」に変えるのです。

「負の感情」をいったん受け入れる

言ってしまえば、「嫉妬」は非常にレベルの低い感情です。

仮に嫉妬する対象がいたとして、その人を感情のままに妬むより、グッとこらえて称賛を送ったほうが、人としての株は確実に上がります。

論理的に考えれば、称賛を送ったほうがメリットは大きいのに、嫉妬という感情はそれを許さない。「嫉妬」は、人としての理性を貶める、動物に近い感情だと私は考えます。では、嫉妬にはどう対処すればいいでしょうか。

「あいつはすごいなぁ。ムカつくけど、やっぱりすごいなぁ」

まずは苦し紛れでもいったん自分の感情を受け入れることです。

自分の負の感情に気づき、いったん受け入れる。

その後に思考を働かせ、やはりあいつはすごいのだと称賛を送る。

この習慣をつけていくのです。

嫉妬は理性を失わせるくらいに大きな力を持つ感情ですから、「明日から嫉妬を抑えよう」と思ったところで、急に実践するのは難しいでしょう。

ただ、運動神経や音楽センスといった先天的要素が大きくものをいう感覚とは違い、

「脳みその使い方」は、大人になってからでも努力で変えることができます。感情や思考、考え方は、習慣化して矯正することができるのです。

感情にフタをしなさいと言っているわけではありません。それは不自然ですし、自分の中の嫉妬心を認めないことになります。

大切なのは、**感情を受け入れ、その上でコントロールする**ということ。

自分の「感情」は、**練習の積み重ねで支配できるようになる**のです。

「成果」or「プライド」という2択

勇気を出して「心のパンツ」を脱ぐ

仕事とは「成果を出すこと」です。

成果が出なければ、どんなにがんばったとしても価値はありません。とてもシンプルな話なのですが、会社の中で働いていると、いつの間にか**「成果」ではなく「努力」を正当化したくなってくる**ことがあります。

「こんなにがんばっているのに報われないのはおかしいのでは？」と思えてきてしまうのです。

努力が報われないのはつらいことです。

しかし冷静に考えれば、成果が出ないのは次のいずれかであるからと考えられます。

- **努力が足りない**
- **努力の方向性が間違っている**

がんばってもがんばっても成果が出ないようであれば、今までのやり方を変えることも考えてみなければなりません。

これまで「正しい」と信じてきたやり方を変えるのは、勇気がいります。周りから「あいつ、成果が出ないからってやり方変えたぜ」なんて思われるのではないかと考えたら、恥ずかしさも芽生えてきます。

それでも、**成果を出すために最善の行動をとる**べきです。

「成果」をとるか、「プライド」をとるか。

仕事をする中で、選択を迫られる場面が必ず訪れます。

これは、**あなた自身が飛躍的に成長するときにやってくる「究極の2択」**です。

迷わず「プライド」を捨て、「成果」をとりましょう。

私は新卒で入社する人に、よく**「心のパンツを脱ごう」**と話します。**やったほうがいいとわかっている行動をとれない原因の大半は「プライド」**にあります。「心のパンツを脱ぐ」とは、プライドを守りがちな自分を受け入れた上で、恥をさらけ出し、「必要なことだけをやろう」と踏ん切りをつけること。プライドを捨て、**成果を出すための第一歩**です。

「プライド」を捨てると仕事が格段にラクになる

私がはじめて「心のパンツ」を脱いだのは、就職活動のときです。

就職活動で失敗し続ける中で、私は「学生時代に何をしたか」「社会に出るにあたって今、何をしているか」以上に、「相手にとって気持ちいいコミュニケーション」が大事なのだという**「就職活動のルール」を学びました。**

そこから私は行動を変えました。「心のパンツ」を脱いだのです。

もともとは自分から話しかけて人と仲良くなるタイプではなかったのですが、積極的に話しかけ、自ら人間関係を構築しようと心がけるようになりました。

また、相手に自分を売り込むのは、なんとなく媚びを売っているようで嫌だったのですが、その考えも改めました。

自ら誰かに話しかけたり、面接官に媚びを売っているように見える行動をしたりするのは恥ずかしく、プライドが傷つく行為でした。しかし行動を変えたことで、「内定」という成果を簡単に得ることができました。

「プライド」よりも「成果」をとる。

はじめの一歩は勇気がいるものですが、一度成果をとると、ものの見方も変わります。

成果を出すための行動に無用な抵抗を感じることがなくなり、プライドが無用だったことにも気づきます。そして、**仕事がとてもラクに進むようになる**のです。

「後輩に聞けるかどうか」が大きな分かれ目

成果を出している人は、基本的に「質問上手」です。わからないことがあったら、その答えを持っていそうな人に遠慮なく質問します。

相手が年下でも、後輩でも、部下でも関係ありません。まさに「心のパンツ」を脱いで、プライドを捨て、いい意味で図々しく質問できるのです。

「成果」か「プライドか」、迷ったら「成果」をとる。プライドを捨て、誰にでも質問できる人が成果を出せるのは、必然の結果といえます。**ビジネスパーソンにとってプライドは、成果を出す上では邪魔にしかならない**のです。

後輩に質問できるか。これこそが「心のパンツを脱げるかどうか」のラインです。

実は私にも、プライドが邪魔をして、後輩に質問できない時期がありました。

先輩たちよりも早く成果を出し、いろいろな人から称賛されていた時期です。やることなすことがすべてうまくいき、いつの間にか私自身も、「自分には能力がある」と思い込むようになっていました。

「自分は他人より優秀である」と思い込むと、人に質問するのが怖くなるものです。ましてや、年下や後輩相手ならばなおさらです。「この人、こんなことも知らずに優秀ヅラしているんだ」と思われたくはないからです。

知らず知らずのうちにプライドに蝕まれると、途端に質問ができなくなります。そんな自分に気づいた私は、危機感を覚え、優秀な後輩に質問をするという「リハビリ」を積極的に始めました。

「バカにされたらどうしよう」と思ったら、心のパンツを脱ぐサインです。上司や後輩関係なく適切な答えを出してくれそうな人に、すぐさま質問しにいきましょう。

「快適な環境」に身を置き続けない

「不安」が仕事の活力になる

アメリカの健康心理学者であるケリー・マクゴニガルさんは、著書『スタンフォードのストレスを力に変える教科書』（大和書房）の中で、興味深い実験結果を紹介しています。

「あなたは最大のストレス源に対して、どう対処していますか？」という質問に対し、82％の人びとは、「過去につらい経験を乗り越えたことで培った強さを発揮する」と答えます。

つまり**逆境は結果的に人を成長させる**――というのです。

私自身も、似た感覚を持っています。

「不安」が仕事の活力になる。これが私の持論です。

常に新しい仕事に立ち向かう。すると不安がつきまといます。不安だから、新しい知識を得ようと勉強しますし、人の力を借りようと動き回ります。

不安を解消し、新しい仕事を成功させようと必死に働く日々の中で、知らず知らずのうちに、自分の守備範囲は広がっていきます。

「快適な環境」にとどまらず、**自らカオスの中に飛び込んでいくことで、ビジネスパーソンは成長できる**のです。

ある程度のストレスを自ら求め、感じ続けていると、ストレスの許容量は少しずつ増えていきます。

私はかつて、かなりの人見知りでした。

初対面の人や年上の人と話すと、自分でもわかるくらいに脈拍数が高まります。しどろもどろになり、自分でも何を言っているのかわからなくなってしまうことも少なくありませんでした。

しかしいつの頃からか、相手が初対面でも、年上でも、緊張感を一切抱かずに話せている自分がいることに気づきました。脈拍もまったく気になりません。

理由は間違いなく、社会に出てから、私が常に、初対面の人や年上の人に会い続けたことにあります。**体が緊張に慣れ、いつの間にか、緊張しなくなっていた**のです。

苦手意識を持つ状況に自ら挑み続けることにより、苦手を克服する。無理は禁物ですが、コツコツと継続していくことで、やがてできるようになります。

「新しい陣地」に攻めていく

思えば私は、社会人になってから、いつも「誰も歩んでいない道を歩きたい」と考えてきました。

理由は2つあります。

一つは単純に、私自身が昔から「新しいもの好き」で、新しいものに取り組むことにワクワクする性格だから。そしてもう一つは、自分が「新しいものに取り組む」ことが、結果的に会社に大きく貢献することにつながるのではないかと考えていたからです。

多くの会社では、「既存事業を大きくしていける人材をたくさん育てよう」と考えて育成ビジョンを描くはずです。それが最も再現性の高い育成方法だからです。

しかしひとたびそのレールに乗ってしまうと、「新しい陣地」に攻めていける人材は育ちづらい。会社にとって「既存事業を大きくしていける人材」よりももっと大きな貢献をしてくれるはずである、「新規事業を立ち上げ、軌道に乗せることのできる人材」は生まれづらくなります。

であれば、はじめから**「誰も歩んでいない道」を歩き、「新しい陣地」に攻めていく存在になりたい**。そのほうが、自分の場合、会社に貢献できるはずだ。私はそう考えたのです。

サイバーエージェントに入社したとき、「21世紀を代表する会社を創る、というビジョンを掲げている割には、事業の数が少ないな」と感じました。

最初は「会社として、事業の幅を広げない方針なのかな」とも思いましたが、社長の藤田と話していると、そんな雰囲気は感じません。むしろ藤田は、全社員の中で一番、新しいものに取り組んでいます。

私ははっとさせられました。「新しい事業を立ち上げ、軌道に乗せてやろうと考える人が、この会社には今、藤田以外にはいないのだ」と。

ならば話が早い。私がやればいいのですから。

幸い、私はもともと「新しいもの好き」。これはラッキーだなと感じました。

そこから、振られた仕事はどんなに大きなものでも、未知なものでも断らず、自ら新しい事業を提案しては必死に取り組みました。そうやって、今があります。

「仕事に慣れてきたな」と、快適な環境に身を置き続けることは、停滞の始まりかもしれません。

自分の居場所が安定してきたら、「新しい陣地」に攻めていくタイミングです。

「成長の踊り場」であせらない

逆境は「次のステージへの発射台」

「努力の量」と「成長度」は、残念ながら正比例の関係にはありません。

がんばっているはずなのに成長の実感が得られないこともあれば、そこそこにしかがんばっていないはずなのに、おもしろいほどに結果がついてくることもあります。

成長には「踊り場」があるのです。

私はこれを**「階段成長論」**と呼んでいます。

ロールプレイングゲームでも、ステージが進むごとに、どんどんボスが強くなっていきます。あわせて、自分のレベルが上がっていくほどに、次のレベルアップに必要な経験値はどんどん増していきます。

仕事で直面する逆境は、そのステージの「ボス」。倒せば大きな経験値を得て、次のステージに進めます。しかし相手はさすがにボスですから、簡単には倒れてくれません。何度も跳ね返されることがあるでしょう。

それが当然のことなのです。

「がんばればがんばっただけ成果が出て、成長できる」と考えると、逆境に跳ね返されたとき、挫折してしまいます。

しかし**「逆境は次のステージへの発射台」**ととらえると、成長の踊り場に直面してもあせらず、自分にできることを精一杯やろうというスタンスを崩さずに立ち向かうことができます。

「階段成長論」を実感したのは、シロクに続いて、2社目の経営を任された2018年のことです。

私が社長を任されたのは、シーエー・モバイル（現：CAM）という、サイバーエージェントの子会社として最も歴史のある会社でした。

シロクは、軌道に乗ったとはいえ、社員数は当時まだ30～40人という小さな会社でした。一方、シーエー・モバイルの社員数は300人ほど。単純に、シロクの10倍の規模です。

「振られた仕事は断らない」とはいえ、私はシロクの社長と兼務する形で、とんでもなく重要な会社の社長を任されてしまったのでした。

最初のうちは、失敗だらけです。

「自分、実力ないなぁ」と悩むことも多くありました。

でもあるとき、「そもそも難しいことを任されたのだから、最初はうまくいかなくてあたりまえだよな」と開き直ることができました。

難しい物事ほど、結果が出るのに時間がかかります。

必然的に、多くの努力を要します。

仕事とは、そういうものなのです。
あせってはいけません。目に見えるレベルアップはしていないように見えても、**努力を続けている間、経験値は確実に溜まっています。**

自分が若手社員のときは、「階段成長論」を胸に、逆境にめげずがんばっていたはずなのに、先輩社員となって後輩を見たり、リーダーとなってメンバーを見たりする立場になった途端、「階段成長論」を忘れてしまう人がいます。
後輩やメンバーに「常に見える形で成長し続けること」を求めてしまうのです。

成長している実感をなかなか得られず、「自分には実力がないんじゃないか」「この仕事、向いていないんじゃないか」と悩んでいる後輩やメンバーに対し、「最近、伸び悩んでいないか。もっとがんばれ」と要求するのは酷です。先輩やリーダーになっても、「階段成長論」を忘れずに、**後輩やメンバーが抱えている課題を一緒に乗り越えていく視点**を持ち続けたいものです。

コラム

自分だけの「仕事の公式」を作ろう

私が仕事で常に意識しているのは、**思考を「公式化」すること**です。

難しい数学の問題も、公式を使えばシンプルに解けます。仕事も一緒。自分なりの「仕事の公式」を作ってしまえば、仕事はラクに進めることができます。

特に仕事で失敗したり、ほかの人の失敗事例を見たりしたときには、二度と同じ失敗をしないよう**「仕事の公式」**を作ってきました。この失敗から得た学びは何か。この失敗を再発しないための根本的な解決策は何か。自分の中で問いを重ね、**「このときはこうするのがベスト」という指針を作る**のです。

- アドバイスは「即実行、即報告」

●上司には「結論」から、メンバーには「過程」から話す

こんな具合に、**失敗から得た経験やうまくいったときの行動を「公式」として箇条書きにしてスマホのメモなどに書いておき、通勤の車内やエレベーターの中で何度も見返しています。**

また、公式化のいいところは、**失敗を「嫌な記憶」として残さずにすむ**点です。

例えば「A上司に『説明がわかりにくい』と仏頂面で嫌味を言われた」とします。このような主観的で感情的な記憶が残ってしまうと、次にA上司と話をするときに緊張してしまい、また同じ失敗を繰り返す可能性があります。感情に支配されてしまうと、「この上司は苦手だ」と思考停止してしまい、**「結論から話す」という思考が働かなくなるのです。**これはもったいないことです。

公式化することで、「Aさん」「怒られた」「嫌な感じがした」といった要素が排除され、**「上司には結論から話す」という本質的な解決策だけが記憶に残ります。**

成長し続けるビジネスパーソンは、失敗したときに限らず、**社内外のありとあらゆる事象を自分なりに抽象化・普遍化し、自分なりの「仕事の公式」を作っています。**

自分の書いた週報を見つめながら、「具体的な事象を抽象化したらどうなるか」と考えるトレーニングをしてみましょう。新たな公式が生まれるかもしれません。

お気づきだと思いますが、この本の内容はそのまま、私が編み出した「仕事の公式」をお伝えしているようなものです。

あくまで私の公式ですので、役に立ちそうだと思った部分だけ取り入れていただければ幸いです。

最強の「仕事の公式」は、あなた自身が生み出したものです。

ぜひとも、自分だけの「仕事の公式」を作ってみてください。

おわりに

「好きな人と仕事をする」ために

最後までお読みいただき、ありがとうございます。

第2章の「『夢』もなくていい」の項で私は、「若手のうちは、やりたいことなんてなくていい」と述べました。

それでも、「やりたいことがないままで、本当にいいのかな」と考えてしまう学生や社会人の方は多いものです。

そのような人たちに、私は**「やりたいことを探すのではなく、一緒にいたい人のコミュニティを探して、そこに所属するのがいいよ」**とアドバイスをしています。

これは私個人の経験による感覚なので、合わない人もいるかもしれません。

ただ実際に、「すごく興味があることを、すごく嫌いな人とやる人生」と、「全然興味のないことを、すごく好きな人とやる人生」では、後者のほうが幸せを感じることが多い気がするのです。

「どんな仕事をするか」を考える人は多いのに、**「どんなチームで働くか」「どんなコミュニティで過ごすか」を考える人はそう多くありません。**私にはこれがとても不思議でなりません。

環境で人のパフォーマンスは大きく変わります。

自然体でいられる場所のほうが、ストレスなく、のびのびと成果を上げられます。チームの中で自分が必要とされていると感じることができれば、モチベーションもおのずと上がるでしょう。

もちろん、「すごく興味があることを、すごく好きな人とやる人生」がベストではありますが、ただ、「すごく興味があること」が見つからないのであれば、無理をして「すごく興味があること」を探すよりは、**自分に合うチーム、自分に合うコミュニティを探すほうが早い**です。

自分に合うチームとは？

「自分に合うチーム」「自分に合うコミュニティ」の見つけ方に正解はありません。**自分なりの基準で「合う」と感じれば、それが正解**です。

私の場合は**「匂い」**を大切にしています。

学生時代、クラスに30人ほどいた中で結果的に仲良くなった人は、「いい人」か「悪い人」かは関係なく、なんとなく「仲良くなれそうだな」という匂いを感じた人でした。

そして私は同じように、サイバーエージェントという会社を選びました。

同じ業界でも、いろいろな企業があります。

業績も従業員数も時価総額も同じくらいの会社が複数あり、どこに就職するか迷ったとき、何を基準に選ぶか。

最終的には、**「誰と働くか」**です。

自分に合う、合わないはもはや、論理を超えたところに答えがあります。

「匂い」、つまり**自分の直感を頼るのも、ひとつの選択**です。

この本では論理を優先せよとか言ってきましたが、それは決して感情や感覚を信じるなという意味ではありません。自分を大切にするため、自然体でパフォーマンスを最大化するために、思考や論理を使おうとお伝えしたのです。

自分に合う、自分が好きだと感じる、こういった**感覚に素直に従うこともまた、自然体で働くためには大切なこと**だと私は考えます。

創業2年、自らが招いた会社の危機

サイバーエージェントのインターンシップで出会ったシロク創業メンバーも、私にとっては、初対面から「仲良くなれそうだな」という匂いを発している人たちでした。だからこそ、創業2年でシロク解体の危機を招いてしまったときには、心底あせりました。

シロク設立のきっかけとなったアプリ「My365」は、「1日1枚限定」で写真を投稿できる写真共有アプリです。「思い入れのある写真」をカレンダーと連携して日記のように振り返ることのできる点が特徴で、瞬く間に口コミで広がっていきました。

さほど大きな宣伝をしたわけでもないのに、「My365」はリリースから半年間で100万ダウンロードを記録する大ヒットとなったのです。

この成功体験が、私の判断を狂わせる一因となりました。

「もっと宣伝費をかければ、もっとユーザー数は増え、もっと売上が伸びるはず」と欲を出し、広告宣伝活動にガンガンとお金をかける判断を下しました。

結果は失敗、会社のお金は大きく減ってしまったのです。

その後にリリースした別のサービスのアプリも、うまくいかず、シロクの資金は瞬く間になくなり、危機に陥りました。サイバーエージェントから追加の出資をしてもらわないと、シロクは存続できません。

サイバーエージェントの役員が集まる「投資委員会」で、追加出資をお願いするにあたり、私は「事業としてうまくいってはいるんですけど、追加で投資していただき、広告費を一気に投入すれば、さらに収益をあげることができる」というニュアンスでプレゼンをしました。

しかし、このような小手先の口車でごまかせるような役員たちではありません。どうにか3000万円の追加出資の承認を受けたものの、役員からは、「今度うまくいかなかったら、撤退するから」と厳しく言われました。

「仲間と一緒に働く」が最大のモチベーションに

投資委員会で役員から最後通告を受けた直後、私はすぐにメンバーのもとには戻れず、トイレにこもって一人、泣きました。大好きな仲間と働き続ける機会を、社長である自分のおごりによって潰そうとしているのだと思い知ったからです。

時間をかけて平静を取り戻し、メンバーのもとに戻ると、私は率直に伝えました。「3000万円の追加出資を受けた。今度うまくいかなかったら撤退すると言われた。最短で半年後、シロクはなくなってしまう。自分のせいで不甲斐ない、申し訳ない」と。

メンバーの反応は温かいものでした。「おれたちの給料を下げてもいいから、なんとかがんばろう」とまで言ってくれました。私はまた、泣きそうになりました。

仲間たちと一緒に会社を続けるために、なんとしても半年で成果を出す。

これが私にとって、最大のモチベーションとなりました。

「何をやるか」より「誰と働くか」が大事だと考えると、過去の成功体験に執着することなく、BtoBに打って出るという大きな選択がスムーズにできました。

BtoBとは先ほど紹介した「Growth Push(グロースプッシュ)」という、スマホのプッシュ通知機能・解析機能を提供するサービスで、このサービスのおかげで、シロクは息を吹き返しました。

好きな仲間といると「いい人」でいられる

社外の人からはよく、「飯塚さんはなぜ、ずーっとサイバーエージェントに居続けるのですか?」「なぜ独立しないんですか?」と聞かれます。

私はこういった質問に、次のように答えています。

「サイバーエージェントという会社を日本に残したいと考えているからです」

私が中にいて感じる「サイバーエージェント」という会社は、「クラスに一人二人いる、正義感があって性格もいい、一緒にいて本当に気持ちいい人を、毎年200人採用している会社」です。

すでに述べたように、私自身は決して人格者ではなく、「いい人」がやっている行動を真似して生きている「いい人を目指している人」です。しかし周りを見渡すと、本当に根っから性格がいいと感じる人が多くいます。

そして彼らに感化され、いつの間にか私も自分史上最高に「いい人」でいられている自覚があります。

周りの人に対して何かをしてあげたいと思ったり、責任感を持って、周りの人を裏切らないように生きたいと心の底から思って行動したりすることが年々、増えているのです。

好きな仲間といると、自然と「いい人」でいられる。

自分が好きな自分でいられる。
これは仕事をして得た大きなギフトでした。

サイバーエージェントという素晴らしいコミュニティを、私は自分の力を尽くして、日本に残していきたいと考え、サイバーエージェントで働き続けています。

フリーランスとして独立したり、会社に勤めながら副業をしたりといった働き方が一般的となりました。国が副業を推奨しているわけですから、この流れはどんどん加速していくことでしょう。「フリーランサー」や「副業をしている人」が、これからは主流となっていくのです。

逆にいえば、これまであたりまえだった**「チームで働く」ことや「チームで大きな成果を出す」ことが、これからはどんどんレアになっていく**ということでもあります。ならばなおさら、私は**「チームで働く」側の人間でありたい**。そう考えます。

チームで働いたほうが、個人で働くよりもインパクトのある成果を出せます。チームで働くほうが、私の強みであるリーダーシップを活かせます。

そしてできれば、モラルが高く、「素直でいいヤツ」の集まりであるサイバーエージェントの仲間と、インパクトのある成果を出したい。

この思いをガソリンに、私は毎日、働いているのです。

最後に、この本を作るにあたり、さまざまな人たちに助けてもらいました。社内メンバーはもちろんですが、インターンシップに参加してくれた学生や内定者アルバイトの方にも原稿を読んでもらい、率直なフィードバックをもらいました。

また、私の話をまとめてくれたライターの前田浩弥さん、ダイヤモンド社の和田史子さんにも感謝申し上げます。

そして、この本を読んでくださったみなさんにも心からお礼申し上げます。

この本をきっかけに、みなさんが「ずる賢く」より「あなたらしく」、そしてもっと楽しく仕事ができるようになることを願っています。

［著者］
飯塚勇太（いいづか・ゆうた）
株式会社サイバーエージェント専務執行役員
1990年神奈川県生まれ。慶應義塾大学経済学部卒業。
2011年、サイバーエージェントの内定者時代に、友人らと開発・運営した写真を1日1枚投稿し共有するスマートフォンアプリ「My365」を立ち上げ、21歳で株式会社シロク設立と同時に代表取締役社長に就任（現任）。2014年、当時最年少の24歳でサイバーエージェント執行役員に就任。2018年株式会社シーエー・モバイル（現：CAM）代表取締役、2020年株式会社タップル代表取締役に就任（現任）。2020年サイバーエージェント専務執行役員に就任（現任）。
本書が初の著書となる。

20代が仕事で大切にしたいこと
——ありのままの自分で成果が出る3つのルール

2023年４月４日　第１刷発行

著　者——飯塚勇太
発行所——ダイヤモンド社
〒150-8409　東京都渋谷区神宮前6-12-17
https://www.diamond.co.jp/
電話／03·5778·7233（編集）　03·5778·7240（販売）
ブックデザイン—小口翔平＋奈良岡菜摘＋須貝美咲（tobufune）
編集協力——前田浩弥
本文イラスト—村山宇希
本文DTP——桜井 淳
校正————鷗来堂
製作進行——ダイヤモンド・グラフィック社
印刷・製本—勇進印刷
編集担当——和田史子

ISBN 978-4-478-11384-4

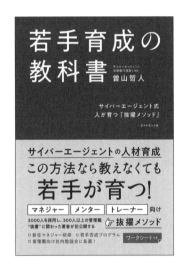